中央高校基本科研业务费专项资金资助 No. NR2019042
Supported by "the Fundamental Research Funds for the Central Universities", NO. NR 2019042

"场域"与"资本"
——数字时代下中文出版产业商业模式研究

李育菁 著

东南大学出版社
SOUTHEAST UNIVERSITY PRESS
·南京·

图书在版编目(CIP)数据

"场域"与"资本":数字时代下中文出版产业商业模式研究 / 李育菁著. — 南京:东南大学出版社,2020.5
 ISBN 978-7-5641-8888-7

Ⅰ. ①场… Ⅱ. ①李… Ⅲ. ①电子出版物-出版业-商业模式-研究-中国 Ⅳ. ①G237.6

中国版本图书馆 CIP 数据核字(2020)第 068163 号

"Changyu" Yu "Ziben"—Shuzi Shidai Xia Zhongwen Chuban Chanye Shangye Moshi Yanjiu
"场域"与"资本"——数字时代下中文出版产业商业模式研究

著　　者	李育菁
出版发行	东南大学出版社
出 版 人	江建中
社　　址	南京市四牌楼 2 号(邮编:210096)
责任编辑	陈潇潇

经　　销	新华书店
印　　刷	虎彩印艺股份有限公司
开　　本	700 mm×1000 mm　1/16
印　　张	11.25
字　　数	200 千字
版　　次	2020 年 5 月第 1 版
印　　次	2020 年 5 月第 1 次印刷
书　　号	ISBN 978-7-5641-8888-7
定　　价	48.00 元

＊ 本社图书若有印装质量问题,请直接与营销部联系,电话:025—83791830。

序一

　　人类的出版读物经历了口语手势、兽骨竹简、绢帛草纸和字节数码等不同载体的演变形式。千百年来,人类不断问世的文化艺术作品也先后依靠手工匠作、机械复制和数字创制等不同技术制作而成。晚近以来,文化技术与商业环境给文化创作、文化权力、文化权利和文化治理等领域都带来了革命性的影响和深刻的变化,也带来了一系列让我们值得反思和亟需解决的社会问题。从本雅明的光晕忧思到法兰克福学派的文化工业批判,从布尔迪厄的多元资本之维到克里斯坦森的破坏式创新之术,不同的思想家站在不同的价值立场和思考维度,对这些问题提出了不同的解决方案。李育菁博士循着这些思想巨人的思考路径,聚焦于数字时代出版产业发展与突围的深度探究,经过北大燕园四年的理论沉思和系统的学术训练,再经过金陵南航三年的教学实践和科研精进,将这些思考诉诸文字并结集付梓,着实令人欢喜。

　　数字科技重构了数字出版产业的价值链和产业链。数字出版流程打破了传统出版社的主导地位,也赋予了作者和读者与过往纸质出版时代完全不同的权力地位和参与方式。李育菁博士跳出传统价值链审视纸质出版产业的研究局限,从动态复杂的数字出版生态体系中,选定了"资本"和"场域"这两个经典的文化社会学理论作为观察视角,去解读数字出版产业的活动主体、内生结构和运营模式。这体现了她理论创新的锐气以及对学术源流的坚持。

　　李育菁博士在布尔迪厄和约翰·汤普森的基础上,发展了数字出版时代下"资本"概念的内涵,将"资本"分为"经济资本、人力资本、知识资本、社会资本、象征资本、文化资本和政策资本"等七种资本形态。她从数字出版场域的权力关系出发,梳理出了高门槛维持者(传统大型出版机构)、低门槛创造者(独立出版)和新市场破坏者(网络原创文学平台)等三类出版行动者。场域是不同权力主体在社会空间中彼此互动所形成的一种关系空间。育菁博士笔下的"场域"是一个整合了布尔迪厄和布莱恩·摩尔安"场域"内涵的复合场域,即包括技术——材料可供性、经济可供行、社会可供性、再现可供性、时间可供性和空间可供性等在内的"可供性场域"生态。育菁博士进而将这七大出版场域的资本形态运用于出版可供性场域的三类行动者身上,就清晰明了地揭示了这些出版行动者在数字出版场域中所拥有的各自的资本优势及其具有竞争力的运营模式。

一个合格学者最重要的学术品质在于研究兴趣的专注、科研时间的投入和批判性思维的保留。李育菁博士的逻辑思维非常缜密,她在研究中展现出非常突出的概念辨析和逻辑推理的思辨能力,这让她的论文写作结构合理、条理清晰。她在研究中也愿意投入大量的时间和精力。她来自台湾,为了弥补对大陆出版体制和业界实务不熟悉的缺憾,她通过各种渠道去了解研究对象,深入各类出版主体进行田野调研,熟练采用深度访谈和问卷调查等研究方法,掌握了大量的一手信息。她对经典文献和前沿文献也有充分的采集和深入的评述,很好地展现了一个年轻学人保有理论思辨与把握现实实践的双重学术关切。

学术研究是学者自我选择的一种生活方式,反映了学术人的价值追求、人生信念和社会责任。经过博士生涯的学术训练和教研工作的实践锻炼,我们欣喜地看到,李育菁博士已经成长为一名非常成熟的青年学者。

李育菁博士以她脚踏实地的步伐,已经走在一条稳健的学术之路上。让我们期待她在今后的学术征途上积淀更多的学术佳作。

是为序。

北京大学艺术学院教授
北京大学文化产业研究院副院长　向　勇
2019年10月20日

序二

中国古代的科技发展中,最值得一提的莫过于"四大发明",其中之二——纸与印刷术,在人类文明发展进程中扮演了重要的知识传播与文化交流互动的角色。人类社会的发展离不开文化知识的传播更新,文化和思想于文字中得以承载,文字载体通过纸张的印刷发行,使其中内容广为流传,进而对人们的文化生活产生巨大影响。由此可见,作为记载、交流、传播、延续文化成果的主要载体,出版承担着人类文明传承和发展的重任。

从文化建设的角度来看,出版产业是文化领域的基础产业和主要传播渠道。我国历来高度重视文化传承和文化传播,出版产业因此也负有重要的文化使命和价值追求。中国出版业的发展,从甲骨钟鼎、到活字印刷、再到数字网络出版,不断记录着我国思想文化的结晶和科技创新的成果,也反映着时代的变迁和历史的革新。出版业不仅是文化传承的载体,也是文化创新的沃土,对出版产业的研究不仅是一种对文化发展的深度勘探,更是对时代创新和历史变迁的深层知觉和体悟。

本书以"场域"和"资本"作为贯穿研究始末的关键点,一方面突出了出版产业的文化性和象征性,另一方面对出版产业的商业模式加以分析,对出版产业的双重属性加以关照,具有开阔的理论视野。出版产业作为我国文化产业的重要组成部分,在社会主义市场经济条件下具有意识形态和产业的双重属性,这一双重属性对社会其他领域和其他创意产业的发展有着重要影响。迈克尔·巴斯卡尔认为,出版发挥着非常关键的作用,它处于我们文学、研究、民主社会、公共领域和政治讨论的中心位置。出版不断推动着科技和文化向前发展,同时,出版并非一种被动的媒介,它已经成为生活和社会的一部分,并不断地塑造它们、引导它们,甚至有时候可以操纵它们。若能认识到其本质,人们会发现是出版帮助我们定义了这个世界。

每个时代的生产力特征都会影响到文化以及文化出版的特征,数字化是一种无可逃避的文化趋势,以数字技术为载体的文化创意产业迅速崛起,并引领着当代文化发展的趋势。由此作为文化载体的出版产业也在历经巨大变化,其中最值得注意的就是数字化出版的新兴表现形式已经成为当下数字时代出版的一种新特征。媒介的演变使出版从纸张和油墨逐渐走向互联网和荧幕,从单一静止的材料走向互动虚拟的场域,数字化媒体的运用丰富了出版物的呈现形式,拓宽了文化生产的路径,影响了创作的题材、语言和意义。新媒体、新技术带来新思维,同时也指出了媒介融合的发展方向。数字时代背景下媒体产业资源的重新组合和组织创新,带来传统媒体与新媒体在形态、体制、管理和内容上的有机结合,并形成资源共享与优势协同,其结果必将给消费者提供更优质的信息服务,也需要理论和实践领域重新思考媒体融合背景下的产业格局与发展秩序。因此,本书的研究以数字时代为背景,不啻为与时俱进并契合当下理论与实践发展需要的一种积极探索与尝试。

育菁博士的选题立意新颖,在诸多问题上见解独到,在研究的整体框架和理论线条上,能够跳脱以往研究出版产业时所采用的产业价值链分析框架,转而借助于场域理论,突出出版产业中行动者的位置和资本交流关系,同时扩充了约翰·汤普森理论中对出版场域中资本的划分,创造性地在经济资本、人力资本、智慧财产本、社会资本、象征资本之外,加入了政策资本和文化资本,更加符合现有出版实践,同时也突出了出版物内容的文化价值。这一富有探索性和创造性的研究,也显示出她扎实的理论功底与广博的学术见识。

在研究的范畴和具体方法上,本书通过深度访谈和调查问卷,历时一年时间,开展了丰富的田野调查,梳理出中文出版业者掌握资源和资本运作的形式,从多维视角认识了数字时代中文出版产业的业态和发展环境,分析了不同出版者的出版物被赋予的可供性差异和象征性定位,对现阶段中文出版产业的商业模式进行了清晰的概括和总结,为出版产业的理论建构梳理出较为扎实的基础,并为出版实践提供了积极的指导意义。由此,本书所具有的开拓和创新品质,相信对于读者也必将带来理论和应用上的裨益。

育菁博士是我在南京航空航天大学艺术学院工作期间的同事,同时也是我曾经指导过的博士后。一直以来,她的用功与努力、勤奋与精进、对待同事的友善与合作、对待学生的关心与付出都让我印象深刻。自北大博士毕业后,她就在南航艺术学院工作,3年多来,她在CSSCI来源刊物发表论文多篇,其中两篇被人大复印报刊资料全文转载,主持省部级以上项目3项,积极参加国内外学术研讨交流,在国际合作交流、学生指导、学科专业建设实践中做出了令人称道的努力和成绩,也受到同事们的广泛认可。

  此次她的新书付梓,我由衷为她感到高兴,这本新书是她作为一名青年学者对于数字时代出版产业的发展所做出的理性反思与展望,也是她为新时代文化产业的学科发展和理论建构所开展的努力与探索。马克思曾言:"在科学上没有平坦的大道,只有不畏劳苦沿着陡峭山路攀登的人,才有希望达到光辉的顶点。"我衷心地希望育菁博士能够再接再厉,在学术研究的道路上不断砥砺前行,不断成长,不断收获,我也相信,未来更加值得期待。

南京艺术学院党委常委、副院长 张 捷
2019年11月12日于黄瓜园

前言

出版产业面临数字科技影响,我们必须以不同的理论视角重新检视产业结构,并深入分析结构内部位置分配关系,以及权力与资本的运作逻辑。在上述的研究需求下,本研究试图回答以下问题:数字科技时代下中文出版场域结构与行动者势力转变为何?不同类型出版者在出版场域中资本掌握与交换的运作差异为何?不同类型出版者所生产出的出版物的象征价值与定位差异为何?本研究范围为一般图书出版物(trade books)与网络原创文学。以深度访谈和问卷调查为研究方法,访谈两岸出版相关从业者共61位,回收321份有效问卷。以纸媒与数字媒体进行时代划分,分析两个时代前后出版场域以及其中行动者的位置与权力关系的转变。本研究进一步将数字时代下的中文出版者划分为高门槛维持者(传统大型出版机构)、低门槛创造者(独立出版者)、新市场破坏者(网络原创文学平台)等三类运作模式。以"资本"为切入点,分别梳理三类出版者的运作与定位差异。本研究发现,数字科技时代下经销商、实体渠道商及专业评论者渐成为"势微者"。社交媒体与搜索引擎成为贯穿出版场域且具影响力的"新行动者"。在出版者运作模式方面,高门槛维持者因在业界长时间经营累积了各项优势资本,最终形成出版社的品牌象征资本。象征资本则成为出版社在争取知名作品及作者,以及出版物在渠道端营销活动与展示曝光的有利条件。面临数字化影响,高门槛维持者因上述资本优势将出版物定位为精品化、议题性与限量化。低门槛创造者相较于前者虽经济资本不足,但运用不同的资本运作模式做出差异化。社会资本方面,独立出版者采取的方式是直接与读者建立社交网络,或跨独立出版者之间的合作营销。虽然独立出版者无足够的经济资本获取畅销品版权,但更懂得以创意营销方式来利用经典公版书的象征资本。此外,独立出版者的文化资本更强调独特性,因而多偏向小众文化的内容。人力资本方面,独立出版者采用多元外包人力结合扁平化的管理方式,相较前者的运作方式更具效率、创意并节省成本。独立出版物定位为创意营销经典公版书籍、独特专精主题,及小众文化出版物。互联网企业为新市场破坏者的背后运作者,因而拥有丰厚的经济资本基础。网络原创文学的文化资本属于草根阅读品位,强调网络体验中逃避现实、舒缓焦虑、议题多元化与想象等特性。社会资本方面,网络平台特性让作者与读者直接建立社交连接。此外,在泛娱乐化趋势下,网络原创文学更强调跨文化场域合作的社会资本连接,并仰赖培育及争取知名作家来建立象征资本。综合上述资本,网络原创文学定位为短、快、频、浅的娱乐性阅读体验。

目 录

第一章 绪论 ·· 1
  1.1 研究背景与目的 ··· 1
  1.2 研究视角 ·· 3
  1.3 研究范围界定 ·· 5
    1.3.1 研究对象 ··· 5
    1.3.2 研究问题 ··· 7
  1.4 研究设计 ·· 7
    1.4.1 研究方法 ··· 7
    1.4.2 研究框架 ··· 9

第二章 出版产业研究与理论文献综述 ·· 10
  2.1 出版产业结构研究的局限 ··· 10
    2.1.1 扁平化的产业结构分析 ··· 10
    2.1.2 泛化的产业链整合研究 ··· 12
  2.2 出版商业模式研究的局限 ··· 14
    2.2.1 尚未成熟的数字出版商业模式探讨 ·· 14
    2.2.2 传统出版与数字出版二元对立的模式探讨 ································· 17
  2.3 出版产业研究的理论突破口 ··· 18
    2.3.1 从"场域"与"资本"理论视角分析出版产业结构 ······················· 19
    2.3.2 以"颠覆性创新理论"作为行动者的模式划分 ··························· 23
    2.3.3 从"可供性回路"理论分析出版行动者及其出版物象征性定位 ······ 28
  2.4 小结 ··· 30

第三章 出版场域结构梳理与行动者模式划分 ·· 32
  3.1 出版场域结构梳理:从纸媒到数字时代的场域变迁 ························ 33
    3.1.1 纸媒时代下的出版场域结构与行动者运作 ································· 33
    3.1.2 数字时代下的出版场域结构与行动者运作 ································· 38

3.2 数字时代下出版行动者的商业模式划分 53
  3.2.1 高门槛维持者:传统大型出版机构 54
  3.2.2 低门槛创造者:独立出版者 56
  3.2.3 新市场破坏者:网络原创文学平台 57
3.3 小结:出版行动者规模的 M 型化结构趋势 59

第四章 高门槛维持者:传统大型出版机构的资本运作逻辑   63

4.1 稿源面的资本运作逻辑 63
  4.1.1 象征资本:吸引优质作者的品牌效益 63
  4.1.2 出版者的社会资本驱动与知名作者人脉的建立 65

4.2 制作面的资本运作逻辑 66
  4.2.1 国有出版社与民营图书公司合作出版 66
  4.2.2 象征资本与文化资本带动:出版物走向精品化、议题性、限量化 70

4.3 流通面的资本运作逻辑 74
  4.3.1 象征资本所带来的渠道端的曝光话语权 74
  4.3.2 人力资本与社会资本在渠道端的展示管理与疏通作用 75

4.4 小结:高门槛维持者的场域结构与资本流动 76

第五章 低门槛创造者:独立出版者的资本运作逻辑   78

5.1 独立出版的界定与兴起背景 78
  5.1.1 独立出版的界定 78
  5.1.2 独立出版的兴起与发展现况差异 81

5.2 稿源面的资本运作逻辑 85
  5.2.1 善用免费象征资本——公版书出版 85
  5.2.2 文化资本与社会资本连接:原创内容来源与经济资本的分摊 90

5.3 制作面的资本运作逻辑 92
  5.3.1 以弹性化的社会资本交织而成的人力资本来源 92
  5.3.2 低成本与扁平阶层的人力资本运作 94

5.4 流通面的资本运作逻辑 95
  5.4.1 台湾"午夜巴黎"出版计划:公版书的新象征资本面向 95
  5.4.2 跨出版社的社会资本连接——国际书展中独立出版者的合作营销 99
  5.4.3 "巧连接"的社交媒体运用:与目标读者的社会资本交流 102
  5.4.4 连锁书店象征与经济资本的缺失 vs.独立书店文化资本的弥补 103

5.5 小结:低门槛创造者的场域结构与资本流动 105

第六章　新市场破坏者：网络原创文学平台的资本运作逻辑 107
6.1 网络原创文学平台的兴起与发展 107
6.1.1 网络原创文学平台的兴起背景 107
6.1.2 网络原创文学的商业化发展 108
6.2 稿源面的资本运作逻辑 109
6.2.1 政策资本的红利——先发后审制度的优势 109
6.2.2 主流媒体所无法提供的文化资本共鸣与满足 111
6.3 制作面的资本运作逻辑 115
6.3.1 以低经济资本风险获取大量作者象征资本集合的平台制度 115
6.3.2 以读者文化资本为主导的审美阅读品味 117
6.4 流通面的资本运作逻辑 120
6.4.1 以文化资本差异进行选题市场区隔 120
6.4.2 网络平台与社群：作者与读者间的社会资本对接场域 122
6.4.3 象征资本与智慧财产资本掌握下的泛娱乐化跨场域运作 125
6.5 小结：新市场破坏者的场域结构与资本流动 133

第七章　结论：出版场域中的资本逻辑与象征定位 136
7.1 研究结论 136
7.1.1 纸媒时代到数字时代：出版行动者在场域中的权力更迭 136
7.1.2 数字时代下三类出版行动者资本运作模式与可供性分析 137
7.1.3 数字时代下三类出版行动者及其出版物象征定位 144
7.2 研究局限 146
7.2.1 以质化方法为主的研究局限 146
7.2.2 访谈样本采取的研究局限 147
7.2.3 数据不足的研究局限 147
7.2.4 出版行动者与模式划分局限 147
7.3 后续研究建议 147

参考文献 148

附录 155
访谈名单 155
访谈提纲 158
问卷题目 161

第一章 绪 论

1.1 研究背景与目的

在纸质出版时代,娱乐选择的有限性加上书籍的携带便利性,使得人们的文化消费多半通过文字阅读得以实践,传统纸质媒体出版在此优势条件下维持了多年的营利模式。然而,随着数字与网络科技的发展,除了向消费者提供了不同的阅读形式外,亦向消费者提供了更多元化的娱乐体验选择,间接地占用了消费者的阅读时间。数字与网络科技不仅改变了出版消费端的体验方式,其发展更对出版业的生产端产生莫大的影响,打破了出版产业自印刷术发明以来的产业结构与生产流程。

在纸质出版时代,出版产业有一套固定的运作流程以及产业结构,出版社居于整体流程与结构的中间位置,扮演了关键的核心角色。由于印刷时代传播资源与渠道有限,出版与传播成为少数出版社特有的权力,所有出版物皆需通过出版社这道关卡才得以面对读者,书籍出版的后续营销与推广亦得仰赖出版社的资源统合。然而,在网络时代下多数欲将作品公之于世的作者,凭借网络的力量跳脱传统出版社的钳制与固化的产业链,让作品有了更弹性化的渠道来与读者接触。在网络与数字科技的蓬勃发展下,出版不再仅局限于纸本这种单一载体,发行与营销也不再仅依赖经销商。传统出版产业链中的各个环节,皆可在网络上一并完成。"出版"由原先仅能由大型专业化的出版社运作,转为可由网络与电子平台公司,甚至是个人来完成。此外,在印刷技术的限制下,传统印刷必须达到一定的经济印量才得以出版,而数字印刷的发明成就了按需印刷(print on demand)或按需出版(book on demand)的实现,也带动了更多小型独立出版者与自助出版者的加入,网络社群的资源链接亦让这些微型出版者更容易被市场所看见。

2009年,台湾城邦出版集团执行长何飞鹏指出:"大家都确定在Kindle①等新型阅读器的威胁下,阅读行为将大转变,纸质媒介不会消失,但会变成没有经营价

---

① Kindle是由亚马逊设计和销售的电子书阅读器.

值的行业,而我们如果只立足在纸质媒介,我们将会是人类纸质媒介的末代工作者"。① 虽然该文对传统出版业者提出了警示,但 Kindle 在中文出版界中并没有形成如上述般的末日预言。其实,当一物替代另一物的时候,肯定是彼此的体验功能有足够的取代性。然而,我们对于传统出版与数字科技发展间一直存有一个很大的误会,认为数字科技的来临,就是宣告传统图书的死期,其实这只是大众将"载体"与"内容"混为一谈的误解。但不可否认的是,数字时代的来临将推动出版产业结构发生变革。纸媒时代中影响出版产业结构的因素与今日相比较为单一,在数字技术推动下影响出版产业结构的因素则更加多样化,如社交媒体、网络书店通路、移动运营商、阅读终端等皆是出版场域中新的行动者。因而,数字技术带来了时代的变革,过去 500 多年来的传统出版产业结构面临着新兴的挑战,而新型的出版产业形态仍旧处于摆荡的状态。各方人士无不积极论证及寻求出版产业的下一步,相关的研究论文数量也随之提升。

然而,多数出版产业研究聚焦于尚未成熟电子书领域做探讨,抑或是就涵盖内容广泛的数字出版领域进行数据收集进而建构模型,并提出空泛的产业发展建议。对于数字化时代下的出版产业结构研究仅是就产业链上做表面上的梳理,或是收集西方数字出版发展现况,并提出发展中文数字出版产业的商业模式借鉴。然而,西方阅读市场与中文阅读市场存在本质上特性的差异,因而双方的借鉴性有限。此外,出版产业的研究多落在新闻传播、商管等学科。然而,在国际上,多数文化产业政策的分类模型皆将出版产业归为文化产业政策中重要的一环,并有一系列的规范模式提出。其中,图书出版物亦是电影、电视、游戏等多数文化内容产品的初始蓝图。出版产业在传播及文化产业的学术领域研究中,却相对不像电影、电视产业那般被学界所积极探究及深入分析,出版相对而言始终是较被忽略的一项文化产业研究。

本研究从文化产业研究中常用的社会学与管理学视角出发,并跳脱研究出版产业常用的价值链固化的理论研究框架,进一步以皮埃尔·布尔迪厄(Pierre Bourdieu)所提的"场域"(field)②与"资本"概念探讨数字时代下中文出版产业的结

---

① 何飞鹏. 最后的五年[J]. 商业周刊,2009,24(1126):18.
② 场域,是一种社会位置的结构空间,在这空间中由许多行动者(agents)与组织(organizations)所构成,其间的位置关系由行动者的可支配资源与"资本"所决定. 详细请参考 Pierre Bourdieu, The Field of Cultural Production: Essays on Art and Literature, ed. Randal Johnson(Cambridge: Polity, 1993); Pierre Bourdieu, 'Some Properties of Fields', in his Sociology in Question, tr. Richard Nice(London: Sage, 1993), pp. 72 - 77; Pierre Bourdieu, The Rules of Art: Genesis and Structure of the Literary Field, tr. Susan Emanuel(Cambridge: Polity, 1996). 出版场域,本研究定义为出版业中参与者间的工作位置与社会关系所构成的产业结构空间,其间的位置关系由参与者的可支配资源与"资本"所决定.

构与模式运作，以及其间的资本连接与支配关系。本研究跳脱传统出版与数字出版二元对立的运作模式划分，援引克莱顿·克里斯坦森（Clayton M. Christensen）的颠覆性创新理论将中文出版业依特性划分为三类出版者，分析不同类型出版者如何运用各自所掌握的不同资源与资本在场域中进行交换，进而达成最终的目的——产出具象征价值的出版物并销售。

1.2 研究视角

从纸媒进入数字媒体时代，多数出版研究将出版运作方式分为传统出版与数字出版两类探讨，然而，传统纸媒与数字媒体仅是载体上的差异，而非商业模式上的不同，因而本研究试图突破传统纸媒与数字出版二元对立的运作模式划分，以克里斯坦森的颠覆性创新理论为框架作为出版者类型的划分。

在纸媒时代，传统大型出版机构在出版场域中占有主导性地位。然而，数字技术的推动给出版产业带来新模式的行动者。克里斯坦森以颠覆性创新理论为研究主轴，探讨在僵化的产业结构中，因数字技术的崛起，形成的一股创新形式的营运模式，对于原本产业的发展造成了不同的结构调整，并将市场划分为维持性创新、低阶市场的颠覆性创新、创造新市场的颠覆性创新。[①] 新兴的营运模式如从低阶市场切入，以低成本事业模式争取原本市场中不同服务需求的消费者，或是运用科技争取原本市场中尚未挖掘的潜在顾客与消费方式。同样，网络与数字技术的发展亦为出版场域带来新行动者与新资本运作模式，改变纸媒时代以传统大型出版机构为核心的局面。网络与数字科技的进展使独立出版者能以更低的人力资本、免费的社群营销资源、低起印量、低出版量的方式运作。网络原创文学则是寄托于平台上的出版方式，颠覆原先出版既有的运作流程与阅读体验方式。本研究即以此三类模式划分作为探讨数字时代的出版场域结构转变与资本运作差异。

多数出版管理的研究领域总以产业价值链作为产业分析架构，说明从原创概念转化为商品需经历的制作流程。然而，文化产业不同于一般制造业，产业价值链虽然皆为上述两类产业的结构，然而，阅读产品属于文化商品中的一环，文化商品不同于一般制造业商品在于文化商品运用象征性价值吸引消费者，进而奠定其在消费者心中的愿付价值。若研究仅是停留在产业结构的梳理，并无法体现出版物

---

① [美]克莱顿·克里斯坦森，史考特·安东尼，艾力克·罗斯. 创新者的修练[M]. 李芳龄，译. 台北：天下杂志出版社，2010.

作为文化商品的价值所在。出版场域运作的过程决定最终出版物面向消费者的形象，即阅读产品的象征性。因此，若仅就产业价值链的角度做生产过程的表象探讨，无法体现出版产业作为文化产业之一运作的特殊性。因此，本研究试图跳脱过去研究出版产业仅用固化且扁平化的产业价值链为分析框架，采用能体现出版产业中行动者间位置与资本交流关系的"场域"与"资本"作为分析元素。出版场域是由不同类型及数量的行动者、组织、权力、资源、竞争者、合作者、报酬所组成的，其间的行动者透过资源互换与竞争交流而生产最终的象征性财货——出版物。数字时代因社交网络媒体与网络渠道等各类新行动者的加入，出版场域中行动者、组织的资本掌握、资源互换则会更加复杂。

约翰·汤普森（John Thompson）指出，出版行动者在场域中应具备五项"资本"，此五项"资本"分别为经济资本（economic capital）、人力资本（human capital）、智慧财产资本（intellectual capital）、社会资本（social capital）与象征资本（symbolic capital）。[①] 经济资本是产业的基本运作需求，出版产业亦不例外，如：股票、资金。人力资本则为一个公司里的人才及人才所具备的知识及技能。在出版产业中，人力资本不仅指创作者，也包含编辑、美编、营销、合作的插画家等人力资源，而掌握这些人力资源依赖的是社会资本的累积，换句话说，社会资本的积累来自人际关系网络（social network）的链接，通过人际关系网络的链接来交换场域行动者所掌握的资本。此外，智慧财产资本为出版产业以及多数文化产业中最重要的一环，因为智慧财产为文化产业的核心所在。握有知识产权的一方才能将内容制作成最后的文化产品。最后，象征资本代表一家企业所拥有的抽象声誉及声望。在出版产业领域，一家出版商的品牌、作品知名度和作者声誉则为出版产业的象征资本，通常象征资本越多，能掌握其他资本的可能性也会提升。中国大陆在出版领域运作有其特殊性，出版物必须通过管制与审核才能进入市场流通，因而间接影响出版市场的发展态势。因此，在中国出版场域中除了汤普森所提的上述五项资本外，本研究另加上"政策资本"。此外，汤普森在其书中省去布尔迪厄原先所列的"文化资本"，本研究认为出版物属于文化产品的一环，文化资本探讨有其必要性。本研究所指的"文化资本"为读者、作者或出版单位的阅读品位与内容定位。因此，本研究在汤普森所提的五项资本中加上"文化资本"与"政策资本"做出表 1.1 的整理。

---

① John Thompson. Merchants of Culture: The Publishing Business in the Twenty-First Century[M]. Cambridge: Polity Press, 2010.

表 1.1　出版场域中的资本定义

资本类型	定义
经济资本	出版公司的资本额、股票、可动用资金
人力资本	出版公司的人才,如:编辑、营销、技术、美术设计等人才
智慧财产资本	出版公司所拥有的版权,包含纸质书、电子书、不同语言的版权、各类文化衍生品版权,如电影、电视、动漫等文化衍生品
社会资本	出版场域行动者中所能掌握的人脉关系,通过人脉关系的连接进而可产生合作、共鸣或利益交换
象征资本	出版者的名誉与声望,即出版社在业界或消费者中所处的定位。此外,出版者所合作的作者与出版作品的声望亦为出版社的象征资本
文化资本	在此指读者、作者或出版单位的阅读品位与定位,抑或是出版物内容的品位与定位
政策资本	因出版政策制度的规定而间接成为出版者的优劣势影响资源,如:书号、补贴与审查制度

　　本研究即以此七项资本作为分析数字时代下出版场域不同行动者各自所掌握的资源,并透过在场域中的资本交流运作,进而生产出最终的象征性财货——阅读产品。在出版场域中,除了生产文化财货(出版物)与服务外,透过资本的连接与交换,生产文化财货的寓意与符号价值远比财货自身的实用功能要来得显著。这具寓意与符号价值的文化财货与服务即是布尔迪厄称为的象征性财货。① 财货的象征性生产,并非结构化的产业价值链或数据运算建模能够简单解释之,必须从产业行动者间的内部资源交流、互换与连接而产生。资源链接与交换方式的不同则会产生不同的文化财货,面向读者的象征定位与价值亦有所不同。因此,本研究利用"场域"与"资本"理论作为出版产业研究的突破口,探讨数字时代下中文出版场域的运作逻辑,并以颠覆性创新理论作为出版行动者模式的划分,探讨不同出版模式在面临数字科技的影响下有何不同的资本运作逻辑,不同的资本运作逻辑、交流与连接如何生产出不同的出版物象征性。

1.3　研究范围界定

1.3.1　研究对象

　　研究一个产业,首先应对其范围及概念进行定义。根据中华人民共和国国家

---

① Pierre Bourdieu, Randal Johnson. The Field of Cultural Production: Essays on Art and Literature[M]. New York: Columbia University Press, 1993: 29-74.

统计局的行业分类,出版业细分为图书出版、报纸出版、期刊出版、音像制品出版、电子出版物出版,以及其他出版业。此外,根据《2012年新闻出版产业分析报告》中的统计分类则为:印刷复制、出版物发行、数字出版、报纸出版、图书出版、期刊出版、出版物进出口、音像制品出版、电子出版物出版等九大类别。

从上述报告的分类定义中,出版产业的涵盖范围过于广泛,加上本研究所属方向为文化产业,为避免与新闻出版产生混淆与重叠,因而本研究所设定的出版研究范围为一般图书(trade books)出版物与网络原创文学,并排除报纸、音像、期刊、教科(辅)书、童书、工具书等出版物。此外,中文出版领域亦为一个广泛的名词概念,因而本研究仅锁定能作为简体与繁体中文出版代表的中国大陆与中国台湾两地的出版单位为访谈及问卷发放对象。由于两岸在出版单位的名词划分概念有所差异,以表1.2作为研究对象采取的概念厘清。

表1.2　出版行动者的模式分类

颠覆性创新分类	维持性创新	低阶市场创新	创造新市场创新
本研究修正	高门槛维持者	低门槛创造者	新市场破坏者
中国台湾	传统大型出版社(集团)	独立出版者	网络原创文学平台
中国大陆	传统(国有)出版集团/社 传统(民营)大型图书公司	独立工作室 独立出版者	网络原创文学平台
分类定义	主要承袭传统纸媒时代的出版社大型组织、多部门与科层化的运作方式	主要以社长/总编辑/发起人的个体化经营为运作核心,人数在5人以下,选题独立不盲从主流市场,以低起印量与微型规模达低成本运作	寄托于网络科技的技术发展,通过集合作者、作品、读者于一平台的出版模式

本研究除了深度访谈外亦采用问卷调查作为辅助。如表1.3所示,本研究问卷有效填答者共321份,中国大陆地区填答者共286份,占89.1%;台湾填答者共35份,占10.9%。中国大陆填答者211份来自国有出版社,占65.7%,属于填答者比例最高者;国企控股的民营单位共16份,占5.0%;民营图书公司共37份,占11.5%;工作室共3份,占0.9%;独立出版者为8份,占2.5%;网络原创文学(小说)平台共11份,占3.4%。台湾填答者中共11份来自集团下的出版社,占3.4%;综合型出版社共9份,占2.8%;专营某类出版物的出版社共2份,占0.6%;独立出版者(微型出版社)共13份,占4.0%。

表1.3 问卷填答者基本背景统计资料

地区	单位类型	问卷数	百分比/%
中国大陆	国有出版单位	211	65.7
	国企控股的民营单位	16	5.0
	民营图书公司	37	11.5
	工作室	3	0.9
	独立出版者	8	2.5
	网络原创文学(小说)平台	11	3.4
	小计	286	89.1
中国台湾	集团下的出版社	11	3.4
	综合型出版社	9	2.8
	专营某类出版物的出版社	2	0.6
	独立出版者(微型出版社)	13	4.0
	小计	35	10.9
合计		321	100.0

1.3.2 研究问题

本研究将数字化时代下的中文出版行动者划分为高门槛维持者(传统大型出版机构)、低门槛创造者(独立出版者)、新市场破坏者(网络原创文学平台)等三大类。以"场域"与"资本"为分析切入点,洞察中文出版产业在数字化时代下场域结构的转变,三类出版者在其中所掌握的资本连接、交换与积累的差异。在上述的基础上,本研究试图回答下列问题:

(1) 数字时代下中文出版场域结构与行动者势力转变如何?

(2) 数字时代下不同类型出版者在出版场域中资本掌握、交换的运作差异如何?

(3) 数字时代下不同类型出版者所生产出的出版物象征价值与定位差异如何?

1.4 研究设计

1.4.1 研究方法

首先,本研究透过文献分析将现有的研究出版产业结构相关的论文与期刊进行分析和归纳整理,发现多数研究出版产业的论文切入的视角为出版产业价值链、产业链整合、出版商业模式等,梳理出此类研究视角的泛化因素,并反思此类产业结构的局限性。笔者认为，多数出版产业结构研究的视角局限于采取产业价值链作为理论依据。然而，出版物属于文化产业的一环，属于文化商品，产业价值链的研究视角将会使出版物（文化商品）如同一般制造业商品般地被探讨，并无法凸显出文化产业运作与文化商品的特殊性。因而，本研究进一步援引以布尔迪厄的"场域"理论为研究视角的切入点，以作为过去研究出版产业结构不足的突破口，借此探讨出版场域中行动者间的位置关系，以及资本积累、互换与连接如何交织地构成中文出版场域的结构。

此外，本研究以克里斯坦森的"颠覆性创新理论"（disruptive innovation）作为界定本研究对象的分类框架，将出版模式依其特性划分为高门槛维持者、低门槛创造者及新市场破坏者三类。在上述三类出版模式划分下以"资本"为深入视角，探讨三类出版行动者在数字化时代的出版场域中掌握资本的差异，如何运用不同的资本交流与连接方式生产出不同的象征性财货——出版物。

本研究以深度访谈及问卷调查作为主要研究方法。研究期间，深度访谈海峡两岸传统出版、独立出版及网络原创文学的相关从业人士共61人，并针对两岸出版业者进行问卷调查，共回收321份有效问卷，探究中文出版产业三类出版者在数字时代下资本运作、连接与交换等模式的差异性。

通过上述的研究方法与流程，本研究试图跳脱仅以产业价值链探讨出版产业结构的局限，更进一步以出版场域行动者透过资本运筹交织所构成的场域梳理数字时代下的中文出版结构，并深入探讨不同类型出版者掌握与运作资本的差异。本研究最终归纳出不同类型的出版行动者在资本掌握与运作差异下所生产出的出版物象征性与定位差异。

1.4.2 研究框架

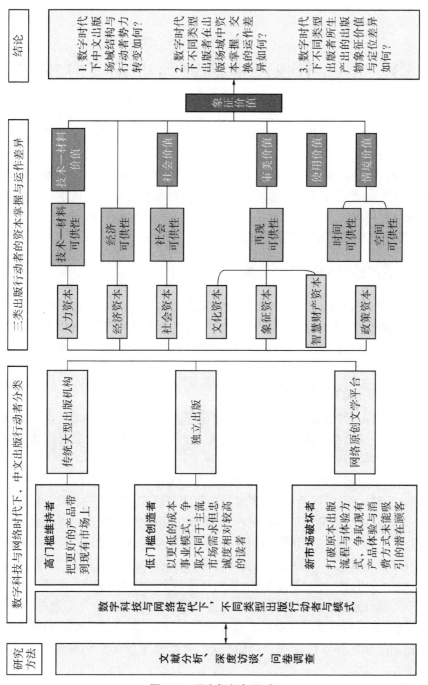

图 1.1 研究框架与思路

第二章 出版产业研究与理论文献综述

由于研究出版产业的文章众多,要将国内外研究成果做一一检视有其难度。因此,以下主要针对博士论文、专著以及核心期刊做梳理与批判考察。通过文献梳理可以发现,此领域常见的研究视角多聚焦于数字出版商业模式、出版产业价值链结构、产业价值链整合、传统出版与数字出版的转型与竞合关系。本章欲透过文献综述,探究目前出版产业研究所存在的局限性与泛化之处,并试图提出以不同的理论研究视角作为研究出版产业的突破口。

2.1 出版产业结构研究的局限

针对出版产业结构的研究,多数论文及研究以"产业链"作为分析出版产业结构的理论基础。然而,产业链仅是产业运作的表象流程,并无法解释产业行动者中如何竞争与利用各自所掌握的资源,以下将针对既有的出版产业的研究论文提出反思。

2.1.1 扁平化的产业结构分析

关于出版产业结构的探讨,产业价值链是多数研究选择的切入点。本研究即针对出版产业价值链的研究进行归纳与整理,并说明从产业价值链视角探究出版结构所存在的局限性。

衣彩天针对传统出版产业链及数字出版产业链进行梳理,传统(狭义)出版产业链可分为普遍模式、线性模式、资源导向模式、登记制竞争模式(三分模式);数字出版产业链则可分为简单环形扩展模式、数字细化模式、数据库扁平模式以及立体交叉模式。该文章并认为传统出版产业链上存在资金链不健全、竞争环境严峻、传统出版社地位堪忧、传统发行领域备受打击等问题。此外,该文章向传统出版社提出转变观念、延长产业链、鼓励原创,提高产业链上端价值创造、重视核心价值创造等问题解决途径。[①] 该文章对传统产业链与数字出版产业链分别做模式的介绍,属于此类文章中较具宏观视角的整理与归纳。然而,文章仅是表面结构上的模式介绍,提出的建言亦属泛泛而谈,在出版产业研究中仅属于初探的介绍,深入度

---

① 衣彩天. 出版产业链模式建构初探[J]. 编辑学刊,2010,3:84-88.

有限。

徐丽芳对于出版产业链建设策略归纳出三个方面：(1)向上延伸策略，即将出版企业的创意、策划等部分职能分离出来，向上拉伸出版产业链；(2)横向拓展策略，传统出版产业链上下游的整合，以及出版物跨影视合作的产业链拓展；(3)向下延伸策略则包含出版物流通领域的延伸、出版产品提供增值服务，以及出版物品牌资源开发等相关延伸生产品以延伸产业链。① 杨根福则从出版产业链的功能提出，出版产业链具价值增值效应（增加最终出版物的价值）、学习效应（产业链组织内具有学习功能）、创新效应（促进知识的传播），从经济视角看出版产业链具有极化效应与涓滴效应（吸引资本、技术、劳动力等生产要素向产业链所在地流动，从而推动当地经济以更快的速度增长，带动周边经济及就业率增长），以及耦合效应（出版产业链企业与所在区域的经济、科技、文化等相互作用、相互制约、相互影响而导致双方同向发展的现象）。② 此类以产业链为切入视角的研究在出版界中不胜枚举，且多数是产业结构表面连接与其功能效益上的探讨，深入度亦有限。

不同于以产业链探讨出版结构，李治堂则以定量的方式通过考察出版产业在国民经济中的比例可以反映出版产业随着国民经济的变化，得到以下结论：传统出版形式在整个出版中的地位将逐步下降，但是短时间内不会消失，数字出版并不能完全替代传统出版，在一定时间内存在既竞争又促进的关系；电子音像出版物出版是一种中间过渡形态，将会较快地被新的数字出版形态所取代，在出版业中将逐步消失；数字出版将会继续保持快速的发展，逐渐成为整个出版业中占主导地位的部分，其自身的产品形态、生产消费方式和经营模式也会随着技术和市场的不断发展而不断地演变。在数字出版中，网络广告已经成为最大部分的收入，其次是网络游戏和手机出版，随着我国移动互联网的发展，以手机等为终端的出版、游戏和广告等业务还将快速发展。③ 此文章以数据支撑作为探究出版产业发展论述的依据，但出版所涵盖的内容广泛，且不同出版物皆有不一样的发展情势，该论文以图书、期刊、报纸、光碟以及数字出版为划分方式进行宏观层面的探讨，属于出版产业发展的初步研究，仍有许多细节值得深挖与探究。此外，该论文认为数字出版已呈现快速发展的态势，但文章中也指出数字出版成长来源于非阅读内容的网络游戏以及网络广告。因而，这并不能视为数字化阅读出版物乐观发展的未来。

沈立军从网络环境下出版产业链重构的观点出发，认为网络环境下，出版产业链的主体日益多元化，呈现各环节博弈激烈，出版社须从定位做调整，以增值服务

---

① 徐丽芳.论出版产业链延伸策略[J].出版发行研究,2008(8):26-29.
② 杨根福.出版产业链的功能效应分析[J].中国出版,2009(22):31-33.
③ 李治堂.我国出版产业结构变化及启示[J].科技与出版,2014(11):97-101.

为战略诉求,并以数字化、国际化、资本化为战略路径。① 杨桂丽、王相林则提出"模块化"的概念来重构中国出版产业链。出版产业链模块化即从一切价值链环节以国资经营来实现,转向部分产业环节尽可能对民营资本和外资开放。② 上述两篇文章提出了不同于泛化的产业链结构的研究,而较能跳脱单纯"链"的结构框架,从链上行动者——出版社与其所处的环境等差异化视角探讨产业结构,虽然能跳脱陈旧的框架,然而依旧存在深入性不足的问题。

从以上多数论文以产业价值链作为研究出版产业的切入点,我们可以发现其中的局限性,以"链"为结构探讨,仅是一种针对商品生产流程的梳理,无法厘清在出版产业中不同行动者之间如何运用其所掌握的资源,进而生产出出版物。而出版物属于文化商品一环,其特质与一般制造业商品不同在于无法采用扁平化的产业链梳理即可体现出最终商品的价值。这也是本研究认为应跳脱以产业价值链作为分析出版产业的主要因素所在。

2.1.2 泛化的产业链整合研究

面临传统出版与数字出版间的过渡与转换,许多学者纷纷投入此领域的研究。其中,关于传统出版与数字出版间关系的探讨最常见的题材即为"产业链整合"。

此外,产业链整合及拓展是目前最多研究关注的议题。余人、徐艺婷也提出相似于上述的论点,以图书出版衍生品开发并拓展产业链整合的观点。③ 郭新茹、王诗晴、唐月民提出了我国数字出版产业链当前最主要以纵向一体化、纵向联盟、横向一体化三种整合模式。以盛大文学收购图书策划公司、创建内容平台、研发客户端电子书、签约韩寒和郭敬明为例说明其纵向一体化操作。以凤凰出版传媒集团与元太、汉王等硬件公司合作研发凤凰电子书包,以及其与电信公司合作推出凤凰学堂、"凤凰读书报"彩信报、iTV"凤凰学园"视频品牌等产品为例说明凤凰出版传媒集团纵向联盟模式。以盛大文学收购、控股起点中文网、晋江原创网、红袖添香等文学网站,以及凤凰出版传媒集团与江苏电子音像出版社进行整合、重组北京某数码印刷公司,和香港某企业合资成立印前数据管理公司等实例说明出版企业横向一体化模式。④ 其他如刘灿姣、黄立雄⑤、班子嫣、乔东亮⑥、周利荣⑦等人亦皆从产业价值链中的内容整合、渠道整合、技术整合、资本整合、人才整合等整合的角度

---

① 沈立军.网络环境下的出版产业链重构及出版社战略转型[J].出版发行研究,2012(5):52-54.
② 杨桂丽,王相林.以模块化整合出版产业链[J].中国出版,2008(1):32-34.
③ 余人,徐艺婷.论图书衍生品开发与出版产业链拓展[J].出版广角,2013(7):75-77.
④ 郭新茹,王诗晴,唐月民.3G阅读时代下我国数字出版产业链整合模式研究——以盛大文学与凤凰出版传媒集团为例[J].科技与出版,2014(2):76-79.
⑤ 刘灿姣,黄立雄.论数字出版产业链的整合[J].中国出版,2009(1):44-47.
⑥ 班子嫣,乔东亮.产业融合背景下的出版产业链整合[J].出版发行研究,2008(7):10-14.
⑦ 周利荣.数字出版产业链整合:技术转化是关键[J].编辑之友,2011(3):66-69.

做论述。从上述的文献整理中发现,关于产业链整合的论文研究已达泛滥的地步,谈论的内容皆大同小异,多从产业链的横向与纵向整合角度做整合思考。然而,这类文章依旧仅是就产业结构链上的整合陈述,或仅是抓住特殊的成功案例便以偏概全地提出整合意见。多数文章并未深度厘清各个产业链环节中所存在的角力关系,以及各链接的内在结构问题便轻率地定下了产业链整合结论。

在众多产业链整合类的研究中,以吕强龙的博士论文《冲突与整合——中国数字出版产业链研究》探讨最为深入。该论文以出版产业链为单位,提出数字出版产业链主要包括内容提供商(传统出版单位等)、数字出版商(平台运营商)、网络运营商、硬件终端商、消费者(读者/用户)等几个重点环节并一一检视。提出内容提供商与数字平台商之间的冲突与矛盾,形成各自为政的局面。该论文认为需有产业链整合以解决问题,通过总结亚马逊的整合经验提出以下四种整合模式建议:(1)传统出版单位主导的整合模式;(2)技术运营商主导的整合模式;(3)硬件生产商主导的整合模式;(4)电信运营商主导的整合模式。[①] 虽然该论文不同于其他文章,不再只是泛泛而论整合,而是先将产业链中存在的问题先行梳理再谈整合。然而,以亚马逊的经验总结作为中国大陆市场的整合参照有其问题,因为中国与美国的出版市场存在本质上的差异。差异如表 2.1 所示。

表 2.1　美国、中国大陆与中国台湾在出版市场与政策上之差异整理

地区	ISBN 申请制度	出版权	电子书市场占比	平均书籍定价
美国	付费申请 费用 125～295 美元	允许个人出版	30%～40%	15～25 美元 (100～165 元人民币)
中国大陆	分配制,仅国有出版社拥有	仅国有出版社拥有出版权	1%左右	20～30 元人民币
中国台湾	免费申请	允许个人出版	1%～2%	200～300 元新台币 (40～60 元人民币)

如表 2.1 所示,三地在出版政策上皆不同。ISBN 方面,中国台湾采取免费申请制度;美国则需付费申请;在中国大陆则采取分配制,仅国有出版社拥有书号申请权利。此外,电子书市场占有率方面,中国和美国两方市场亦有很大的差异,美国由于电子书与纸本书定价差异大,因此电子书市场占有率达 30%～40%。然而,华语地区的中国大陆与中国台湾,由于电子书与纸质书售价差异相对小,因而电子书市场占有率并不高,加上台湾读者喜爱看西方小说,但多数出版社不愿冒险花费高成本购买数字版权,因此多数台湾读者认为在电子阅读平台上的选择性有

---

① 吕强龙. 冲突与整合——中国数字出版产业链研究[D]. 上海:复旦大学,2013.

限,所以在台湾,电子书市场占有率仅占1%～2%。电子书在中国大陆的市场占有率亦仅1%左右。三地在纸质书定价方面亦有很大的差异,美国纸质书定价最高,平均定价为中国大陆的3～5倍,中国台湾定价则居中,平均为200～300元新台币(40～60元人民币),中国大陆则平均定价为20～30元人民币,由此可知,三地在纸质书籍的定价策略上有很大的差异,这样的差异也间接影响了电子书的发展。

从上述的各项差异中显示,不论是阅读习惯、消费习惯、出版政策,抑或是出版市场的商业操作手段皆有所不同,因而彼此的参照性有限。此外,中国大陆出版业界各自为政、各有自身掌握的资源,并以利益为主导的窠臼依旧是最深层的问题,因而简化地将出版产业中的行动者划分在同一水平谈产业链整合的贡献性有限。

2.2 出版商业模式研究的局限

商业模式的探讨亦为研究出版产业常见的议题。近年来常见的研究议题为数字出版商业模式,或是传统出版与数字出版两类模式的竞合关系。以下梳理此两类研究的不足之处。

2.2.1 尚未成熟的数字出版商业模式探讨

由于网络与数字科技时代的来临,多数关于出版研究一窝蜂地转向数字出版的研究,尤其针对数字出版的商业模式提出问题与见解。以下将针对此类研究进行梳理并提出反思。

金雪涛、唐娟提出单边市场模式:消费者直接对内容付费,如电子书模式、数据库模式、在线教育模式、按需出版模式;另一种为双边市场模式:免费(低价)内容＋广告营利模式;第三种为多边市场模式:整合营销平台,即数字出版商吸引其他相关利益集团在其平台上开展各种增值业务,如读者社区、彩铃下载、彩信下载、邮箱、相册、机票预订等,业务的多元化发展给数字出版平台带来了更多的产品、服务类型。[①] 屈炳耀对商业模式的建构要素进行分析,并提出从产品经营＋品牌经营＋资本经营、产品＋服务＋增值、专业化＋复合式＋海量资源、免费＋收费＋年费、开发者＋运营者＋消费者一体化、零库存＋低成本＋高提成等六个维度阐述了建构专业数字出版商业模式的总体思路。[②] 任翔提出"从数字内容到应用产品""从读者到创造型消费者""从渠道为王到社交网络营销"等三项元素作为移动互联时

---

① 金雪涛,唐娟.数字出版产业价值链与商业模式探究[J].中国出版,2011(3):56-59.
② 屈炳耀.建构数字出版商业模式的要素与思路探析[J].出版发行研究,2013(12):40-43.

代下数字出版发展的模式创新。① 另外,陈丹、张志林②、周红、陈丹③等文章亦提出数字出版的商业模式。然而,这类研究最大的问题在于尚未厘清目前中国大陆与中文出版市场真正的内在结构问题即提出各类数字出版发展的商业模式,这些商业模式落实于中文出版市场的实践性与应用性有限。

  数字出版商业模式的研究中,还有一类是先检视目前中国大陆数字出版市场存在的问题,并提出相对应的商业模式与发展的建议。衣彩天在文章中提到,我国数字出版产业链存在的问题包含:传统出版企业数字化发展缓慢,其数字产品及产值在整个产业中所占比例甚低;中国数字出版产业链现阶段业务分工混乱、信息共享度不高、产业信息发布透明度不够、缺少相互兼容的平台建设,甚至存在恶性竞争现象;利益分配不合理,如产业链各环节各有优势,但有的仅考虑自己的利益,忽视其他环节企业的贡献与利润;产品形式单一,尚未形成品牌和稳定的盈利模式等问题,并提出要立足"大文化""大传播""大出版";研究如何解决数字出版产业链问题与策略;加强产业环境中相关法律建设,制订统一标准;加强自主研发,尽快转型,构建出版内容品牌优势;加强对数字出版和网络人才的培养;总结国外数字出版产业的成功经验,探寻解决问题的途径;激发出版物源头活水的作用,延长出版产业链的链条。④ 徐哈军亦采取相似概念,提出了中国大陆发展数字出版所存在的问题及误区,诸如以国外数字出版发展模式作为发展我国数字出版产业、终端"一头独享"的盈利模式、终端设备技术优势等误区,并认为以建立产业链为基础的战略联盟是最为适合发展的商业发展模式。⑤ 吴小君、刘小霞提出体制、经营机制和数字出版的发展不相适应;缺乏统一的技术标准;难以满足核心受众群体需求;数字出版产业链各环节亟待整合等问题,并提内容为王,提高数字出版物核心竞争力、整合产业价值链、打造多方合作共赢模式等发展建言。⑥ 郝志舟亦提出相似的概念,建立一个联合技术提供商、主要出版机构和硬件提供商的机构,其文章总体思路是:联合技术提供商和硬件提供商及 10~20 家主要的出版机构(或中央一级社科类出版机构),以资本为纽带,通过合资和参股的方式,将数字出版业务转移到新的合资公司,由新组建的合资公司搭建共同的数字出版平台,通过聚合海量正版数字内容资源,出借数字阅读终端锁定读者,打通从出版到分销的各项渠道,为全国的读者提供正版、正规、可信、可用的数字内容,建立完整、合理、可自行生长的

---

① 任翔.移动互联时代数字出版的商业模式创新[J].出版广角,2012(2):72-75.
② 陈丹,张志林.数字出版产业创新模式分析与展望[J].中国出版,2011(13):47-50.
③ 周红,陈丹.数字出版产业创新体系及创新模式浅析[J].出版发行研究,2012(1):47-51.
④ 衣彩天.我国数字出版产业链现存问题及解决策略[J].编辑之友,2014(2):19-21.
⑤ 徐哈军.浅谈数字出版战略联盟商业模式的构建[J].编辑之友,2013(1):83-92.
⑥ 吴小君,刘小霞.移动阅读时代数字出版商业模式探析[J].中国出版,2011(16):52-54.

数字出版商业模式和生态系统。①

  肖洋则在其博士论文针对数字出版提出了产业集群战略存在结构性缺陷，"走出去"战略存在空间性缺陷，以及竞争力战略存在时间性缺陷等问题，并认为问题具体表现为产业集群战略的功能定位缺失，"走出去"战略的单一性，竞争力战略的泛化与盲目化。最终提出建立跨地区、跨媒体、跨行业、跨所有制的"四跨"集团；实施人才战略，积累数字出版产业结构优化的人才资源；"走出去"参与产业国际分工和贸易，而非沿用国内模式；建立健全数字出版产业集群功能；以梯级战略指导发展主导产业，保障内容与人才资源、出版产品与服务、市场、体制、产业结构的可持续发展，延续数字出版产业规模化稳健增长等以结构、区域和阶段三大视角提出解决方案。②该论文的优点在于提出目前数字出版产业发展现况的关键性问题，但由于所研究的涵盖范围与视角过于广泛，因而研究深入性依旧不足，提出的建议仍旧较为表面与泛化。陈永东③、田海明、魏彬④等的文章亦都采取相似的研究视角，即是检视目前中国数字出版现存问题，并提出商业模式与改善指导建议。此类研究的优点在于梳理了中国大陆长久以来无法发展数字出版的因素，然而，提出的解决方式与建言仍较属表面性的泛泛而论，对于产业者来说实践上的运用仍属有限。

  另有一类数字出版的研究即是梳理国外成功经验并提出借鉴建言。汪忠提出目前中国大陆在数字出版无成熟的商业模式并归纳美国、日本等国外的成功案例作为借鉴。⑤陈净卉、肖叶飞梳理美国数字出版的发展现况，并认为美国数字出版产业发展迅速，形成了网络出版、电子书、手机出版等多样化的出版形态，以及网络营销、自主出版、按需印刷、互动教育出版等多元化的商业模式，其在产业并购、完善产业链、商业模式等诸多方面对于我国的数字出版业都有启示意义。⑥崔恒勇则针对亚马逊的成功模式进行分析，提出了亚马逊模式对中国大陆数字出版发展的启示，包括建立数字出版产业链的优化协作机制、建立数字内容形式与传播的多样化体系、完善数字出版行业法律法规的制定与监管机制、构建积极理性的产业链利益分配机制、完善系统的用户体验服务等启示。⑦

  然而，中文地区数字出版发展所存在的问题并非简单地借鉴西方的成功模式即可解决，上述类型的研究贡献仍旧有限。不同于上述研究针对尚未成熟的数字

---

  ① 郝志舟.数字出版的商业模式探析[J].出版广角，2012(5)：52-53.
  ② 肖洋.我国数字出版产业发展战略研究——基于产业结构、区域、阶段的视角[D].南京：南京大学，2013.
  ③ 陈永东.数字出版创新商业模式新解[J].出版广角，2012(10)：25-28.
  ④ 田海明，魏彬.从价值系统看数字出版商业模式创新[J].出版发行研究，2012(6)：17-20.
  ⑤ 汪忠.数字出版的商业模式与传统出版企业的数字出版发展[J].出版发行研究，2008(8)：58-63.
  ⑥ 陈净卉，肖叶飞.美国数字出版的产业形态与商业模式[J].编辑之友，2012(11)：126-28.
  ⑦ 崔恒勇.亚马逊模式对我国数字出版发展的启示[J].出版发行研究，2013(7)：91-93.

出版商业模式进行研究,梁威则从反思的角度思考数字出版对整体出版业的影响,其提到目前主导数字出版的业者多为出版业外的"鲨鱼"们,怀揣着的,是金钱,是技术,是渠道,并非出版专业知识。数字出版产业链上的每一个环节都很重要,各要素之间应该协调好各自的利益和关系,只有每个环节各司其职,合力形成整体优势,才能把整个数字出版产业做得更好,形成共赢的局面。目前的生态网络是不健康、不稳定的,只有各个环节都发挥出应有的"价值点",才能成为一个良性循环的网状系统。① 某出版集团图书出版公司的总编辑室杜辉副主任在本研究访谈中提到对目前数字出版发展现况的反思,其认为:

> 现今市场上数字出版被用来作为商业利益的炒作,以达到在资本市场的套利行为。这背后是资本市场快速的资本回报要求,及背后的商业利益驱使和资本的逐利阴谋。这一现象在国内初级且混乱的市场环境下愈加明显。新媒介的基础是以互联网生态模式和资本运作为前提。因而在国内发展数字出版则有一个概念:包装概念→炒作概念→用免费或者其他手段拉拢参与产品体验→扩大知名度后进行第一轮融资→继续扩大客户群体提高知名度市场份额→第二轮融资→更大规模炒作→第三轮融资或继续融资及上市股东套现→事业衰落、转卖,甚至是倒闭。数字出版成为一种套现的商业方式,但传统出版至今仍会一直存在。不是说数字阅读不会发展,但是绝对不会是以现在这种形式发展,它会有别于现在这种浮躁套利的投机模式。②

因此,多数对于数字出版商业模式的研究者并无深入产业了解现况而提出纸上谈兵般的发展建言。其实,中国大陆目前数字出版最大的问题来自尚未具备健康的产业环境,以及从业者与企业存在短期投资的消极运作态度。没有健康的产业环境又何来成熟的商业模式可探究。因此,与其探讨尚未成熟的数字出版商业模式与梳理不适用于中文地区的国外模式借鉴,不如厘清当今中文出版业者应如何掌握资源与资本运作,进而生产出读者愿意体验的出版物。

2.2.2 传统出版与数字出版二元对立的模式探讨

传统出版与数字化转型之间的竞合关系亦为出版产业领域中热门的研究议题,以下将针对此类研究进行归纳与统合,并提出其中研究的缺失所在。

赵立新、谢慧铃提出传统出版的数字化转型两阶段,该文认为在数字出版的发

---

① 梁威.警惕"鲨鱼企业"对数字出版产业链的破坏[J].出版广角,2012(1):73-75.
② 2015年5月28日,本研究者对某出版集团的图书出版公司总编辑室杜辉副主任的访谈记录.

展过程中，传统出版社在内容和版权上的优势会过时，以出版社为代表的传统出版企业会发生分裂。第一阶段转型为传统出版社与数字出版平台服务商合作、整合的阶段，出版社需要做出抉择，是利用自己在出版领域的内容优势实现从传统出版商转型为数字出版商，如自行开发数字平台或是对数字平台商提供内容来进行合作，抑或是第二阶段转型，即转型为独立于数字出版平台和内容提供者外的第三方服务商，诸如数字图书的策划、编辑、排版、设计、发行、推广、营销等都需要第三方服务商来提供专业服务。① 郑爱玲提出了传统出版社发展数字出版的对策：第一，转变定位，努力成为产业链主导；第二，与技术厂商合作，拓展运营平台；第三，建立适合数字出版的体制及工作流程；第四，专注于内容资源深度加工；第五，寻求新的盈利模式，如开发除了纸本书外的互动型内容产品、将内容转化为数据库形式贩售、按需印刷等。②

张晗在其博士论文《文化科技融合背景下的中国出版产业数字化转型研究》③提出文化科技融合是出版产业数字化转型的原动力，并认为中国大陆出版产业数字化转型在宏观环境与产业机制、市场体制与配套政策、经营主体及其观念、人才供给与智力支持等四个方面为转型上出现问题的原因，并提出借鉴美国、加拿大与中国台湾的数字化转型发展的政策与模式作为中国大陆发展数字化转型的借鉴参考，进而提出相应政策建议。然而，论文中所提出的出版数字化转型问题是中国大陆出版产业内在的结构性问题，国外与其他地区因其市场与产业结构与中国大陆相比存在本质上的差异，因而借鉴性仍有限。

多数研究探讨传统与数字出版会先入为主地将两者做对立划分，其实它们并不存在二元对立的关系，亦非不同的商业模式。数字出版目前是被神话的概念，其实数字出版只是传统出版在新技术手段下的延伸。④ 因此，多数研究将传统与数字作为商业模式的划分是一种错误的切入点，两者仅是"载体"的相异，而非商业模式的不同，数字出版仅是另一种出版的渠道、技术及资源。

2.3 出版产业研究的理论突破口

从上述的文献梳理中，可以发现目前关于出版产业的研究视角存在许多局限性，多数研究聚焦于"商业模式""产业价值链""产业链整合"与"传统与数字产业链转型与竞合"等命题做探讨。此产业的研究呈现探讨议题重复性高且千篇一律的问题，却没有人针对产业内部各单位间动作的相互关系做进一步的深挖，导致研究

---

① 赵立新,谢慧铃.试析数字出版的图书产业链转型[J].出版发行研究,2012(8):52-55.
② 郑爱玲.传统出版社数字出版现状与发展策略[J].科技与出版,2013(5):82-84.
③ 张晗.文化科技融合背景下的中国出版产业数字化转型研究[D].武汉:武汉大学,2013.
④ 2015年5月28日,本研究者对某出版集团的图书出版公司总编辑室杜辉副主任的访谈记录.

成果多为表象的结构梳理与产业发展建言。然而,出版产业属于文化产业的一环,其特性不同于一般制造业,所生产与贩售的产品为"文化商品"。文化商品的研究若仅依循产业链或是商业模式做探究,则使"文化商品"与"制造业商品"放在同等视角做探讨。然而,文化商品是传递思想、符号和生活方式的消费品,因有其蕴含特殊的人文与社会属性不是简单的商业模式及产业链即可简单梳理。因此,本研究试图从社会学视角切入,以布尔迪厄的"场域"与"资本"理论作为研究出版产业研究的突破口,通过以布尔迪厄的"场域"与场域中"行动者"的"资本"运作关系来探究出版产业。通过出版场域中的行动者及组织所掌握的"资本"差异交换运作取代过去研究中表面且扁平化"产业链"探讨。场域是力量关系——不仅仅是意义关系——和旨在改变场域的斗争关系的地方,因此是无休止变革的地方。[①] 场域强调的是内部行动者间力量的关系、冲突与资本交流的状况。因而从场域视角探讨所呈现的并非如同产业价值链上仅是环节功能与流程上的考察,而是更深入探讨场中行动者的权力关系、竞争方式与资本运作的差异,以及因竞争、资本交流所导致的力量关系变化的考察。借此探究在场域中不同类型的出版行动者如何掌握资本,并如何透过资本的交换运作达到最终目的产出出版物,而不同的资本运作与交换连接又产出何种不同象征价值的出版物。

2.3.1 从"场域"与"资本"理论视角分析出版产业结构

(1) 场域与资本基本概念

布尔迪厄用"社会空间"(social space)这个概念来指称整体的社会,描述人的多元结构社会现实。"社会空间"是由数量不定的、客观存在而相对独立的微型空间所组成,布尔迪厄称它们为"场域"。布尔迪厄认为"现实的就是关系的"。[②] 场域指的是"在各种位置之间存在的客观关系网络(network),或一个构型(configuration)。这些位置得到客观的界定,是根据场中行动者(actors)在不同位置占有的权力类型(或资本)——占有这些权力就意味着把持了在这一场域中利害攸关的专门利润(profit)的受益权,分配了结构中实践的和潜在的处境(situs),以及它们与其他位置之间的客观关系(支配关系、屈从关系、结构上的对应关系等)。[③]"

"场域"无所不在,是围绕特定社会产品及价值生产而形成的关系空间。布尔迪厄也经常宽泛地使用"场域"的概念(比如政治场域、文化场域、经济场域、教育场域和宗教场域等),而对场域中呈现的种种特定的关系脉络,他往往称之为"次场

---

① [法]皮埃尔·布尔迪厄,[美]华康德. 实践与反思:反思社会学导引[M]. 李猛,李康,译. 北京:中央编译出版社,1998:142.
② [法]皮埃尔·布尔迪厄,[美]华康德. 实践与反思:反思社会学导引[M]. 李猛,李康,译. 北京:中央编译出版社,1998:133.
③ 张意. 文化与符号权力[M]. 北京:中国社会科学出版社,2005:72.

域"(sub-field),比如文化场域中存在着哲学场域、艺术场域、音乐场域等。然而,对于布尔迪厄,场域的区分原则主要不是社会功能或意义,而是争夺价值定义权的权力斗争(布尔迪厄称为阶级斗争)。不同场域的斗争对象各不相同,如学术场域争夺的是知识的定义权,艺术场域争夺的是合法性艺术的定义权,政治场域即是对于官场位阶的斗争等。因此,场域首先是围绕特定价值生产而进行权力斗争的舞台,斗争是它存在的理由,它也被斗争所塑造而作为斗争的原因和结果,场域(以及由场域所构成的社会空间)是价值、等级及次序的结构化的呈现。因此,布尔迪厄对场域或社会空间的结构分析,往往从参与权力斗争的具体个人或机构所拥有的斗争资源入手,把场域称为一种力量关系的社会网络。作为一种经济学的实践,布尔迪厄以"资本"的概念作为个人或机构所拥有的不同斗争或交换的资源。资本是一种镶嵌在客体或主体的结构当中的力量,也是一种强调社会内在规律的原则。①布尔迪厄把它们分为以下三类:"经济资本"(economic capital)、"文化资本"(cultural capital)和"社会资本"(social capital)。② "经济资本"是指财产、金钱、股票、遗产等等(其他两类资本多少对它有依赖性)。"文化资本"则有三种不同的形式:第一种是内化形式,即通过学习形成的,诸如兴趣或者教养;第二种是物质形式,即拥有的文化财产(诸如书籍、艺术品等);第三种是社会制度化的形式,比如个人得到的教育头衔、业绩、证书等等。"社会资本"就是个人拥有的长期稳定的社会关系网络,在这个网络中,人与人之间相互承认并保证其社会交往。理论上来说,这三种资本形式在分类关系上是等值的,即三者之间没有谁决定谁的关系,而且原则上是可以相互转化的。当然,这种相互转化是以努力和积累为前提,也就是说,三者中任何一种资本的获得和转化必须付出一定的时间代价。

在布尔迪厄的场域理论中,三种资本形式在不同社会空间和场域中的作用各不相同,比如在农村和氏族社会,社会资本占有中心地位,强调的是人与人之间的连接关系。而在相对冷漠的现代社会中,文化和经济资本则扮演了更重要的角色。其他场域中同样如此,比如文化场域,文化资本显然更为重要,而在艺术与时尚设计场域,"审美资本"作为文化资本的一种又具有特殊的意义。但是,在任何一个社会空间和场域,都无法回避布尔迪厄称为"符号资本"或者"象征资本"(symbolic capital)的重要性。"象征资本"可以理解为以上三种资本形式被社会接受和承认的一种特殊形式,比如个人荣誉、身份和威望等等。对于象征资本的积累,布尔迪厄在艺术场域的论述中则提到"无论对作家、评论家、画廊主、出版商和剧场老板而言,唯一合法的积累对象就是名声,让自己成名,让自己的名字被承认,这是一种可以转授的权力资本,可以转授给某件产品(即名声的效应,如属于某某时尚创造者

---

① [法]皮埃尔·布尔迪厄. 文化资本与社会炼金术[M]. 包亚明,译. 上海:上海人民出版社,1997:195.
② Pierre Bourdieu. The Forms of Capital[M]. The Sociology of Economic Life. Routledge,2018:16-29.

的作品,或者名人的签名),也可以转授给某个个人(通过广告、展览等等),这是一种给予价值的权力,通过这种权力授予而获得利益[1]。"我们可以解读到,通过象征资本积累,可以转换成经济资本,而诚如上述经济资本又可与文化资本、社会资本作交换,所以这些资本是可以随着场域的行动者间流动与积累。资本的运作逻辑是具有空间意味的"场域"动力逻辑。[2] 在场域中,参与者所掌握的资本不同,则会有不同的定位。

通过上述布尔迪厄对于"场域"概念的精细定义,我们大致可以理解到"场域"是一个由人际网络所组合而成的结构,彼此间的位置高低是一种客观存在的标准。而在这一结构中,关系位置高低的衡量标准取决于场域中的行动者对权力和资本的掌握度。行动者(actors)或组织(organization)在场域中展开竞争,每一个场域中都有统治者和被统治者,而任何统治都隐含着相互连接与资源抗衡。其中的资源包含经济资本、象征资本、文化资本、社会资本等。通过资本的交换与积累,最终决定行动者或组织在场域中的位置。

(2)"场域"与"资本"概念运用于出版产业

通过上述的梳理我们可以对"场域"下一个概括性的特性描述,场域不只是静态的资本和权力分配,而是一个动态的利益竞合的空间和过程。布尔迪厄宣称以"总体性实践经济学"取代传统经济学,不仅将金钱与商品间的经济交换视为利益性行为,也把文化活动、社会活动同样视为具利益交换的行为。文化活动、社会活动等具象征价值的活动同样也是一种利益交换行为,尽管是一种特殊的交换行为。[3] 这样的逻辑与出版产业内各个行动者和组织间的运作动能相似。汤普森进一步将场域运用于出版产业,其认为,以"场域"取代市场来探讨出版产业的原因在于:市场固然重要,但场域所包含的领域比起市场更加广泛。汤普森进一步提出以"场域"来理解出版界有以下四个理由。其一,出版产业非由单一世界所组成,而是多个世界,也就是由不同场域所组成,不同场域间有各自的特征与游戏规则,我们不能将其概括性混为一谈。如高等教育出版场域、专业图书出版场域、插画图书出版场域的运作方式皆有所不同。再者,从场域的角度可以让我们跳脱具体的行动者、公司、组织层面,聚焦于它们之间的"相互关系"(relation terms),因为其间有着相当复杂的竞争、合作与权力联系。在场域中,行动者、公司、组织会因场域中的其他行动者的运作而做出相应的回应,这样的回应也仅是整体场域中的一部分。因

---

[1] [法]皮埃尔·布尔迪厄.艺术的法则:文学场的生成与结构[M].刘晖,译.北京:中央编译出版社,2011:182.

[2] 姜图图.时尚设计场域研究——1990—2010年中国时尚场域理论实践和修正[D].杭州:中国美术学院,2012.

[3] 向勇.文化产业导论[M].北京:北京大学出版社,2015:164.

而，在出版场域中，各行动者、公司、组织从未单独存在，它们仅是整体场域的一部分，并由其间复杂的权力、竞争与合作关系来决定它们之间在场域中的位置。其三，场域也能让研究者理解到，公司与组织的权力依赖于可支配的资源以及资本。出版产业的各个行动者与组织在这个如同场域般的价值体系中，个别掌握了其本身具有的资本，通过场域中联系与交流来支撑商业性的创作工作，通过合作或竞争对最终的文化商品/服务做层层的加值。其四，也是最重要的一点，每个场域都有特殊动能，汤普森将其称为"场域逻辑"，场域中的行动者皆了解这样的运作规则以及规则变化，"场域逻辑"就如同语言中的文法，场域中的行动者知道如何正确地运用却无法明确指出规则。[①] 通过场域的观念可更深入理解出版产业从原创概念转化到文化商品——出版物，其间行动者所拥有的各项资本流动与整体运作的关系。

汤普森在该书中具体化提出，分析出版场域中应具备五项资本，此五项"资本"分别为经济资本（economic capital）、人力资本（human capital）、智慧财产资本（intellectual capital）、社会资本（social capital）与象征资本（symbolic capital）。经济资本是产业的基本运作需求，当然出版产业亦不例外，如：股票、资金。人力资本则为一个公司里的员工及员工所具备的知识及技能。在出版产业中，人力资本不仅指创作者，也包含编辑、美编、营销、合作的插画家等人力资源，而掌握这些人力资源依赖的是社会资本的累积。换句话说，社会资本的累积来自人际关系网络（social network）的链接，场域中通过人际网络的连接与交换，行动者因而掌握资本。此外，还有出版产业以及多数文化产业当中最重要的一环，即为智慧财产资本，因为智慧财产的内容即为文化产业的核心所在，握有知识产权的一方才能将内容制作成最后的产品。最后，象征资本代表一家企业所拥有的抽象称誉与声望。在出版产业领域，一家出版商的品牌、一个作品知名度和作者的名气则为出版产业的象征资本，通常象征资本越多，能掌握其他资本的可能性也会提高。中国大陆在出版领域运作有其特殊性，国家政策掌握有管制与审核出版物的权力。因此，在中国出版场域除了汤普森所提的上述五项资本外，本研究另加上"政策资本"。此外，汤普森在书中省去布尔迪厄原本所列的"文化资本"，本研究认为出版物属于文化产业的一环，因此，文化资本探讨有其必要性，而本研究所指的"文化资本"为读者、作者或出版单位的阅读品位与定位，抑或是出版社的品位与定位。本研究在汤普森的出版公司所应掌握的五项资本定义基础下加上文化资本与政策资本，并做出以下整理。

经济资本：出版公司的资本额、股票、可动用资金。

人力资本：出版公司的人才，如：编辑、营销、技术、美术设计等人才。

[①] John Thompson. Merchants of Culture: The Publishing Business in the Twenty-First Century[M]. Cambridge: Polity Press, 2010: 4.

智慧财产资本：出版公司所拥有的版权，包含纸本书、电子书、不同语言的版权、各类文化衍生品版权，如电影、电视、动漫等文化延伸品。

社会资本：出版场域行动者中所能掌握的人脉关系，通过人脉关系的连接进而产生合作、共鸣，或利益交换。

象征资本：出版者的名誉与声望，即出版社在业界或消费者中所处的地位。另外，出版者所拥有作者与作品的声望亦为象征资本。

文化资本：读者、作者或出版单位的阅读品位与定位，抑或是出版物内容的品位与定位。

政策资本：因出版政策制度的规定而间接成为出版单位的优劣势影响资源，如：书号、补贴与审查制度。

纸媒时代下出版场域的行动者所采用的连接方式相对而言较为简单而固化，出版场域的资源链接，主要是传统出版行动者为单一核心向外连接进行资源互换。然而，数字时代下出版场域参与的行动者及组织将更加多元，行动者之间的关系亦更加复杂，因而本研究从"场域"视角出发，探究在数字与网络科技发展下出版行动者与纸媒时代的差异变迁，行动者差异下所构成的出版场域结构差异，各类型出版行动者间的资源掌握与运作模式差异。

2.3.2 以"颠覆性创新理论"作为行动者的模式划分

如前所述，多数研究与论文皆将传统出版与数字出版作为不同商业模式划分的分水岭。然而，出版物属于文化商品的一环，其商业模式的划分不应该拘泥于以"载体"或"出版技术"的不同而作为商业模式划分，应从出版单位如何掌握不同的资源与资本，生产出不同象征性文化出版物作为模式划分的界线。因此，本研究以克里斯坦森所提的颠覆性创新理论作为框架。他将创新分为三大类：维持性创新、低阶市场的颠覆性创新、创造新市场的颠覆性创新。① 本研究将此理论作为出版行动者模式的划分界线，跳脱过去研究以"传统出版"与"数字出版"作为商业模式分类的窠臼。

（1）颠覆性创新理论概念

克里斯坦森在其《创新者的修练》一书中提到，颠覆性创新理论是指新组织可用相对较简单、便利、低成本的创新模式创造成长，并赢过强势在位者。论点是：若竞局属于维持性时，既有企业击败新入侵者的机会比较大；但是，采取颠覆性创新的新进企业几乎总能打败在位者，而低阶性创新则能以较低的事业成本找到不同市场群与定位。

---

① ［美］克莱顿·克里斯坦森，史考特·安东尼，艾力克·罗斯.创新者的修练[M].李芳龄，译.台北：天下杂志出版社，2010：36.

图 2.1 中有两种改进轨迹,实线代表公司的改进轨迹,指的是产品与服务与日精进;虚线代表顾客需求轨迹,指的是顾客能获得满足的产品与服务性能,虚线轨迹显示,在既定的市场用途中,顾客的需求通常相当稳定,并不会随着时间而有显著的变化。箭形曲线代表维持性创新,指的是公司沿着既有的改进轨迹移动,代表顾客向来重视在现有产品层面上追求改进,例如能飞更远的飞机、处理速度更快的电脑、更持久的手机电池等。颠覆性创新推出新价值主张,借此创造新市场,或是改造现有市场,使其重新洗牌。颠覆性创新有两种:低阶市场的颠覆性创新和创造新市场的颠覆性创新。当现有产品好过头,致使价格太高,但许多顾客根本不需要用到那么多或那么好的产品功能时,可能出现低阶市场的创新,即以更低成本的事业模式,争取被过度服务的顾客,对现有顾客提供低价、相对较简单明了的产品。第二种是新市场的颠覆性创新,当现有产品的特性未能吸引一些潜在消费者,或是迫使消费者在欠缺便利、过度集中的场所消费时,就可能促成这种创新的出现。

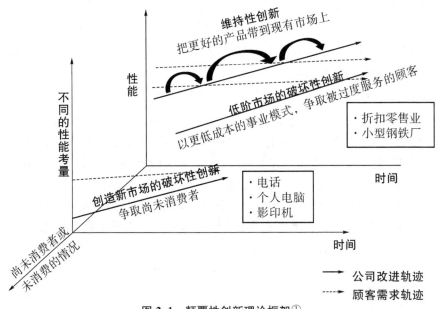

图 2.1 颠覆性创新理论框架①

(2) 颠覆性创新理论作为出版行动者类型划分

使用颠覆性创新理论来分析产业变化时,第一个步骤即是了解哪些因素将会导致产业出现创新,并影响整体产业结构,进而出现新的事业模式。在梳理导致产业创新的种种因素前,有三个步骤必须进行。第一,发现变化迹象;第二,衡量市场

---

① [美]克莱顿·克里斯坦森,史考特·安东尼,艾力克·罗斯.创新者的修练[M].李芳龄,译.台北:天下杂志出版社,2010:36.

战役,包含自身与对手;第三,创新的策略选择。若将此三步骤套用于出版产业。第一,发现变化迹象,这方面又可分为两个部分,一为市场性因素,即顾客满足度,另一则为非市场性因素,如政策的转变与网络、数字科技的兴起。

自印刷术发明500多年以来,出版已发展为完全成熟的产业,而以纸本为载体、印刷为制作方式的出版模式亦为相当成熟的产业模式。读者对于以纸张为载体的阅读方式亦是在人类历史中采用最久的阅读体验。出版社在制作书籍的商品流程中亦已精进到最为精良的阶段,加上印刷术已发展到可采用较过去低廉的成本印制出品质同样精美的出版物。因此,若就出版物的外观与品质而言,传统出版的出版模式目前已走在顾客被过度服务满足的阶段。然而,数字科技与网络的发展,开创了除了图书以外的阅读载体,亦将读者,也就是书籍的顾客带到了另一个尚不满足或尚未消费的新境界。

若将颠覆性创新理论套用至出版产业,数字技术即是改变出版市场竞局的一项新动力。也将出版场域中原本唯一核心的传统大型出版机构带来了新行动者加入。在数字时代下,传统大型出版机构在市场中的竞争位置是处于维持性创新的角色位置,传统大型出版机构因有多年累积的出版经验,可强调其专业的编辑、选题能力,加上长年累积的品牌与资金,因而更有资源获取、策划与营销大众所谓好出版物的能力。然而,数字与网络技术的出现,改变并开拓了读者阅读内容的需求,也因而创造了消费者更多元的阅读内容需求。北京中文经典图书有限公司段洁总编辑在访谈中提道:

> 在1996年前后,网络渐渐走进大众生活。从网吧开始,普通人也可以通过互联网了解外面世界更多的信息。随着网络的不断普及,中国消费者因上网而眼界开阔,眼界开阔下提升了消费者的内容需求。但在网络兴盛初期,网络上内容还不足以满足眼界开阔的消费者需求,而在国有出版社提供内容的有限性下,出现了一批较具内容策划能力的民营图书公司,提供了丰富的内容给消费者。加上这段时间,在政策允许的前提下,民营图书企业在零售和批发图书方面的市场地位得到巩固和加强。①

由上述内容可得知,在中国大陆,网络科技的发展与政策的转变使得国有出版社(集团)不再仅是出版场域的唯一核心行动者。网络开拓了消费者的阅读视野,民营图书公司因在市场盈利压力的驱使下,相较于国有出版社(集团)而言更具图书策划的能力。甚至某些民营图书公司皆发展为大型的出版机构,如中南博集天

---

① 2015年5月28日,本研究者对北京中文经典图书有限公司段洁总编辑的访谈记录。

卷、磨铁、果麦、新经典、理想国等,因而亦属于维持性创新类。

数字科技的进步也使得微型的图书工作室得以成立。微型的独立图书策划工作室/独立出版者因网络与数字科技的便利性而生,通过工作外包的形式得以降低人力成本,也因网络社交媒体的出现得以用零成本的方式进行营销。此外,科技的进步也带动印刷技术的精进,过去只有大规模化量产的书籍才有出版问世的可能性,数字印刷技术的发明带动按需印刷(print on demand)的诞生,也使得独立与少量出版模式的产生,实现个人出版的梦想。新时代下数字技术使图书出版不再受限于高起印量的成本限制,即网络的普及化使得出版的门槛降低,不再仅是传统大型出版机构独有的权利,微型的独立工作室亦有出版的机会。在台湾,亦因网络与科技促使独立出版者的蓬勃发展,并在网络及媒体间形成一股旋风。这些微型工作室与独立出版者,通过数字技术带来制作成本、人力成本与营销成本的降低,因而属于出版场域中的低阶市场颠覆性创新。

除了网络与数字科技的进步外,另一个影响整体产业变化的非市场因素即为政策因素。在中国大陆的出版市场较为特殊,其出版市场并非完全属于自由的市场经济体制,因此政策这项非市场因素对于产业的影响力较为显著。如在中国大陆书号是由国家新闻出版总署所管制,且出版社是隶属于国家体制之下,仅有国有出版社才有权申请书号。由于出版政策的特殊性,在出版书籍方面政府扮演了关键性的角色。也因书号由政府所管制,加上中国大陆书籍出版属于先审后出版的模式,一旦审核未通过则无法在出版市场与渠道上流通,这点与其他地区采取的分级制度有所不同。因而,书籍出版的政策因素在中国大陆市场影响力较其他地区大。

如前所述,在中国大陆,由于书号与出版政策管制较为严谨,因此,网络成为主流出版媒体外另一项较为弹性的出版方式,造就中国大陆在网络原创文学的发展。在中国大陆,不同于书籍出版,网络上的资讯与文章是采取先发后审的机制,因而其内容较为多元与弹性。政策红利加上网络的发展,实现了人人都是作家的可能性,造就了网络原创文学的诞生。网络原创文学所采用的出版形式与流程不再与纸质媒体出版相同。网络原创文学以一个开放式平台,吸引有创作热忱的作者上平台写作,因而省去了印刷跟纸张的出版成本,且通过平台的力量吸引作者自行上网写作,因而拥有庞大的作者群体,网络原创文学出版更以边际成本几乎为零的形式被传播及阅读。读者以购买月票或VIP阅读的方式付费。此外,平台仅会签约具有一定市场反馈的作家及作品,因而相较于书籍出版而言,投资风险较低。网络原创文学以全然不同的出版形式与收费方式运作。其实,网络原创文学的前身即为武侠、言情类轻小说,此类出版物在纸本出租时代一直都是相当高复读率的出版物。在台湾,漫画小说出租店曾经风靡一时,读者可在出租店里以较低廉的付费方式当场阅读,或是多付一点费用在限定的时间内租借回家阅读;在大陆,读者则是通过向书店或地摊以一本一天一毛的形式进行租赁或是一本十元的方式进行购买此类小说。此类小说出版物在载体与通路的限制下,使得读者必须在特定的场合与时间内进行阅读体验。数字科技带动网络与智能手机的发展,人们生活习惯渐受网络与数字科技所支配。网络原创文学也使得此类小说出版物被赋予更便利的取得与阅读方式,只要拥有智能手机,读者即可在通勤与闲暇时间进行阅读,突破了读者必须在欠缺便利、过度集中的场所进行消费的局限。

然而,不管科技再怎么进步,政策如何修正,一个地区的出版市场体量终究是有限的,且随着网络的蓬勃发展,人们的阅读偏好与方式逐渐改变且朝向多样化发展。在这有限的出版市场大饼与多样性的阅读选择下,场域的战役终将越演越烈。因此,各类型出版方式在这有限的市场体量竞争下,必须衡量竞争的优劣势,不管是自身或是在战场上的敌人。衡量竞争的不对称性,若是市场目标不同,则属于动机的不对称。若为技能的不对称,则要审视自身所拥有的技能如何创造市场并与对手抗衡。在厘清竞争的不对称前,市场上的每个参战者都需针对其自身与对手的资源、流程与价值主张做细部的分析与拆解,资源指的是公司自身所拥有的资源,是组织可以购买或出售、建立或摧毁的东西或资产,可分为有形资源与无形资源,有形资源如设备、人才,无形资源如品牌;流程是公司把投入要素转化成更有价值的产出的现有作业方式,即公司在生产出最终产品前所采取的各项步骤,不同的出版方式所采取的生产流程亦会有所不同;公司的价值主张则决定分配资源时所依据的标准。公司拥有的资源、运作的流程,和其价值主张结合起来,决定了此公司的能力、长处、弱点与盲点。①

科技与网络带来了不同于传统出版模式的出版方式,因而出版行动者有了不同的出版运作方式的选择,其所拥有的资源、所采取的流程,以及所标榜的价值主张皆有所不同。在数字时代下,各类型出版模式皆有其独特的优势与相对劣势的所在。因而,不同出版模式所采取的策略选择亦有所不同,这些不同会让过去以大型传统出版机构为唯一场域核心的行动者运作模式逐渐划分出不同资本交流与运作的新兴行动者模式。若依照克里斯坦森在《创新者的修练》一书中对创新的归类标准,数字时代在出版流程与资本掌握差异下可划分三类出版行动者模式,分别为维持性创新类(传统大型出版机构)、低阶市场创新类(独立出版者工作室)以及创造新市场创新类(网络原创文学平台)。本研究即是探讨在此三类模式化分下,各自如何运用其资源与资本,在中文出版场域中树立不同定位并持续发展。

---

① [美]克莱顿·克里斯坦森,史考特·安东尼,艾力克·罗斯.创新者的修练[M].李芳龄,译.台北:天下杂志出版社,2010:38.

2.3.3 从"可供性回路"理论分析出版行动者及其出版物象征性定位

本研究最终欲通过梳理三类不同出版行动者各阶段采用的资本运作差异,进而建构在出版场域中的定位以及其出版物的象征性。此目的与布莱恩·摩尔安(Brain Moeran)在布尔迪厄场域中资本互动理论基础下所提出的文化产品的"可供性回路"(circuits of affordances)概念雷同。摩尔安的"可供性回路"概念认为,文化产品所具备的各项可供性是在一个多元的、持续的交换和互动过程中所产生的结果,是一种经济系统的产物。① 文化产品的生产行动者所掌握的各类资本则为其在互动场域中间交流、交换的元素与资源,过程中同时产生并赋予文化产品各项可供性。文化产品在经济场域与文化场域中因社会互动与社会协商结果而交织出感知价值与象征定位。因此,本研究梳理三类出版行动者在出版场域中的资本互动与交流运作差异后,仿效摩尔安承袭布尔迪厄场域概念,进一步分析三类出版行动者在出版场域中采取不同资本交流与互动后,其出版物被赋予的可供性与感知价值差异做总结,进而归纳出三类行动者及其出版物各自在出版场域中的象征价值定位差异。

(1) 文化产品的可供性回路

摩尔安在布尔迪厄场域理论基础下建构出"可供性回路"价值评估体系,包含技术—材料可供性(techno-material affordances)、空间可供性(spatial affordances)、时间可供性(temporal affordances)、再现可供性(representational affordances)、社会可供性(social affordances)、经济可供性(economic affordances)等六种可供性。②

技术—材料可供性:指文化产品的生产者所需具备的技能、知识与思想。若就出版产业而言,如作者的文采、编辑人员的编辑力与市场敏锐度、美编的设计能力等人力资本相关的专业能力掌握。

空间可供性:指生产文化产品所需要的制作空间,以及对外展示文化产品的展演与贩售空间。空间可供性会影响出版物的象征性,并会与其他可供性因素结合影响文化产品的审美性。若就出版产业而言,则包含出版社办公空间、书展展示空间、渠道端的贩售空间等。

时间可供性:一切关于文化产品的使用时间,如生产所需使用的时间,以及体验所需的使用时间。若就出版产业而言,如作者的创作时间、出版制作流程所需花费的时间,以及读者体验出版物所需花费的时间等。

---

① 向勇.文化产业导论[M].北京:北京大学出版社,2015:193.
② Brain Moeran. The Business of Creativity: Tower an Anthropology of Worth[M]. London: Left Coast Press, 2013:35-53.

再现可供性：主要是一种产生于体裁、样式、形式等特质的审美欣赏，最终被视为涉及智慧财产权与被解读的含义。若就出版产业而言，如文学作品的题材或风格、作者的文风，以及配合出版物上述元素的纸张大小、设计风格、文长选择等等。

社会可供性：文化产业工作者常依赖其他工作伙伴才能发挥自身的才能，如模特与造型师、造型师与摄影师。其间特别是通过社交关系所建立，在众多的项目合作中以"战略友好"为手段，规划自己的职业生涯，通过合作获取所需。在出版产业如作者与编辑、编辑与翻译、编辑与美编等等为常见的战略友好项目合作关系。

经济可供性：国家的经济状况常会影响文化产业的发展，以及影响适合发展的文化产业类型。此外，文化生产者的预算亦属于经济可供性范畴。预算会影响文化生产的参与者类别，就出版产业而言，例如是否有预算邀请知名或大家作者合作出版？如是否有预算购入国外知名版权？预算亦会影响书籍的营销活动举办等经济资本的各项投入。

上述的六种可供性为文化生产者在场域中因资本交流与积累下所赋予商品的可供性。本研究在分析不同出版行动者掌握的资本运作差异后，进一步以可供性的视角探索不同出版行动者所生产的出版物的价值定位。

(2) 经济与文化场域交织下的文化产品"感知价值"与象征定位

摩尔安可供性回路在象征交换的文化场域与商品交换的经济场域之间形成了可感知价值，可感知价值是技术价值（technical values）、审美价值（appreciative values）、社会价值（social values）、情境价值（situational values）与使用价值（use values）等五项价值所结合而成的组合价值（ensemblages of worth）。摩尔安认为五种价值组合形成一种文化商品的象征价值，最终被交换为一种可衡量的经济价值，实现文化商品的交换价值，达到文化产品在质量、文化与经济的碰撞与融合。①

技术—材料价值：可分为两种情况。第一种为设计或制作文化产品所使用的材料。第二种为文化产品制作者自身所具备的知识和技能。就出版业而言，前者如纸质材料、纸本载体或数字载体、装订方式等。后者如作者的文笔、编辑能力、配套的数字技术人才等。

审美价值：指的是消费者可以感受到商品所展现出的美感。不同出版社、不同作者、不同编辑等因素差异皆会影响出版物最终给予读者不同的阅读品味。读者对于审美价值的衡量亦会被教育程度、年龄、职业等背景因素所影响。

社会价值：一种表现为个人之间的关系，或个人与组织以及不同组织之间的社会连接和关系网络。社会价值在文化产品的生产与交换过程中发挥重大作用，因参与者的社会地位对文化产品价值具有影响力。如编辑与作者间关系，若编辑能

---

① Brain Moeran. The Business of Creativity: Tower an Anthropology of Worth[M]. London: Left Coast Press, 2013: 76-77.

与知名作者有社交网络关系，则出版社越容易邀请到知名作者为出版社出书。

情境价值：与时间和空间有关，从时间角度而言，稀缺性与原真性是物品情境价值的一种体现。从空间角度而言，情境价值与物品所在的空间环境有关，展示的空间会影响消费者对文化产品的象征性建构。前者如议题性书籍、限量书籍，后者如书籍所选择的展示渠道端，不同渠道端亦会赋予出版物不同的意象，吸引的消费族群亦有所不同。

使用价值：即文化产品之于使用者的价值，既体现为商品本义上的使用性，还包括商品潜在的使用性。如读者买书的目的不同而产生不同的使用价值，如阅读、享乐、收藏、求知皆为不同的出版物使用价值。

文化商品的可感知价值是由上述五种价值在经济与文化场域交织下所构成，并形成文化商品的象征价值，消费者因其接收到的象征价值而产生消费。因此，本研究以此五种价值归纳出三类出版者所生产的出版物的最终象征价值定位。

2.4 小结

在上述文献综述中可以总结为以下结论，目前出版产业结构研究多以产业价值链作为切入视角进行探讨，导致出版结构的研究呈现泛化且千篇一律的结果，并无研究上的突破性。然而，产业价值链仅是产业运作的表象流程，并无法解释产业行动者中如何竞争与利用各自所掌握的资源。此外，多数产业价值链探讨仅是一种对该产业流程的梳理，或是针对产业链提出整合建议，整合建议亦多大同小异，多数归纳出产业价值链纵向整合、横向整合、内容整合、渠道整合、技术整合、资本整合、人才整合等常见的论点。然而，这类文章仅是就产业结构链上进行整合陈述，或仅是以偶然的成功案例提出整合意见。多数文章并无深度探讨各个产业链环节中所存在的资本流动关系与各环节的内在结构问题便轻易地下整合结论。

出版物属于文化商品的一环，其特质与一般制造业商品不同在于，无法简单地采用扁平化的产业价值链梳理即体现出最终商品的价值。这也是本研究认为应跳脱以产业价值链作为分析出版产业的因素所在。诚如上述，出版物属于文化商品的一环，不同于制造商品无法以产业价值链流程体现出其商品的价值与定位。文化商品的价值主要来自象征性价值，而象征性价值并无法单以产业价值链梳理即可解释象征价值如何塑造。因此，本研究在出版产业结构方面的梳理，在产业链结构基础下，进一步以文化研究领域中常用的社会学视角作为突破点，以布尔迪厄的场域与资本理论作为深化研究出版产业的理论基础，探究出版产业场域间的参与者与出版行动者，以及其间的位置关系与相对应的资源掌握，并以纸媒时代及数字科技时代作为出版场域结构变化的划分界线。

商业模式为出版产业中另一泛化的研究视角，多数出版研究将传统与数字作为二元对立的商业模式划分，探究传统出版模式面临数字时代考验的模式转型，或是针对尚未成熟的数字出版进行商业模式的探讨。常见的方式即是梳理西方发展数字出版的运作方式，并作为中国出版产业商业模式的借鉴。然而，西方与中国在出版政策、体制、市场与读者消费与阅读习惯存在本质上的差异，因而这类梳理西方出版商业模式的论文在中文出版市场的借鉴性有限。此外，传统与数字出版并非商业模式的差异，仅是阅读载体不同的区别，数字出版仅是传统出版的一种新技术、新渠道与新载体的延伸。因此，本研究欲跳脱过去研究将传统与数字作为商业模式的二元对立划分，改以克里斯坦森的颠覆性创新概念作为出版行动者的商业模式划分，试图探讨因形态、模式运作、资源掌握等本质上不同的出版行动者，在中文出版场域中如何进行差异化的资本掌握与运作。

在上述两大研究问题与缺口下，本研究即以"场域"与"资本"弥补以"产业价值链"探究出版产业的不足，探究出版场域中行动者、参与者及组织所掌握的"资本"交换与运作差异，借此深化过去研究中表面且扁平化的"产业价值链"探讨。此外，跳脱过出研究中仅以传统纸质媒体出版与数字出版的二元商业模式对立的探讨局限，透过克里斯坦森的颠覆性创新理论作为基础框架，将出版产业的商业模式划分为三类，高门槛维持者：传统大型出版机构；低门槛创造者：独立出版者；新市场破坏者：网络原创文学平台。探究此三类出版行动者各自如何掌握不同资源、流程、价值主张与运作方式，并透过上述的研究流程梳理，探究不同类型的出版行动者模式在场域中采取不同资本交流与互动后，其出版物被赋予的可供性与感知价值之差异，进而归纳出三类出版行动者及其出版物在整体中文出版市场中的象征价值定位。

第三章　出版场域结构梳理与
　　　　行动者模式划分

　　探讨一个产业结构,一般常用的视角为迈克·波特(Michael E. Porter)所提出的"价值链"概念。"价值"是顾客愿意为企业所提供服务付出的金额,价值链是由各种"价值活动"(value activities)所构成。价值活动是企业进行各种物质与技术上的具体活动,也是企业为客户创造有价值产品的基础。① 若将此论述用来解释出版业,即是将书籍销售给读者的工作流程,分配之后成为以上所有价值活动相关从业人员在流程中的参与阶段,并维持整个出版产业结构。然而,波特所提的价值链概念仅是罗列出生产最终产品所需经过的"活动流程",即所谓的"价值链"。价值活动流程的罗列只能说明书籍创作、出版、印制、销售到读者的过程,而不能被称为一整套完整的"商业模式"或是"产业结构"。真正顾客所愿付的"价值"(value)与"商业模式"(business model)的体现,并不能仅是单纯透过罗列这些活动流程与链条即可呈现,尤其是具象征性价值的"文化商品",除了罗列出其间行动者所参与的"价值活动流程"外,更重要的是厘清各行动者活动于场域中的可掌握与可运作"资本",或者更广泛地说即是资源。不同行动者、不同场域位置其所掌握的资本优劣势亦都有所不同。行动者如何运用其所拥有的资本进行交换与重组,不同资本的交换与重组的过程才能真正体现所谓"商业模式"的差异,进而生产出最终不同价值的象征性财货(symbolic goods)——出版物。行动者在产业结构上都有其专属的位置,位置有高有低,位置高低依其所掌握的资源、资本差异而有所不同。每个位置都有其相对的功能,行动者在结构上依其提供的功能不同因而掌握的资源、资本亦会有所不同。此外,即便行动者在同一产业链条(结构)的位置上,因其所掌握的资本、资源不同而会有不同的交流与组合方式,不同的资源、资本交流与组合方式也会相对地呈现该行动者在场域所处"定位"的不同。

　　本章将以"纸媒时代"及"数字时代"作为出版场域结构转变的时代划分界线。通过梳理两个时代里中文出版场域其间的行动者与组织的差异,以及各类行动者的资本掌握不同所交织出不同的"价值活动",进而厘清出版场域结构与出版商业模式。借此以更深入的方式理解出版产业中的内在动能运作与阅读物象征价值的

---

① [美]迈克·波特.国家竞争优势(上)[M].李明轩,邱如美,译.台北:天下文化出版社,2010:75.

组成因素。探讨"纸媒时代"与"数字时代"前后两个时代在出版场域结构、其间行动者、资本掌握与运作等差异性,并归纳整理不同模式的出版行动者所采取不同的资本运作方式与差异化定位。

3.1 出版场域结构梳理:从纸媒到数字时代的场域变迁

本节将以"纸媒时代"与"数字时代"前与后的两个时代作为划分,分析在纸媒与数字两个时代下出版产业结构的转变。整体出版场域其间行动者的进入与退位,以及在产业中行动者势力位置与资本交流的转变。

3.1.1 纸媒时代下的出版场域结构与行动者运作

在迈克·波特的价值链基础下,远流出版公司的董事长王荣文将出版价值链分为四个端点,分别为"创作端""制作端""流通端"和"阅听端"。[①] 如图 3.1 所示为纸媒时代的出版场域结构。依照这四个端点所交织出来的场域行动者包含作者、出版社、政府、印刷厂、经销商、零售业者/书店/出租店、专业评论者,以及读者等行动者,多数研究仅停留于此。然而,波特所谓的"价值活动"只是一种产业表面流程与环节的梳理,若从更深度的视角剖析"价值活动",其实是一种场域中行动者的资本互换的过程,只有透过探索"资本交流、互换与重组"的整体过程,才能将价值活动组合称作为"出版商业模式"的总称。换言之,波特的价值链仅是一种"出版流程"的梳理,却被现今的产业研究所广泛引用。若仅从价值活动梳理来分析产业,则不能深度解析"出版商业模式"差异,而会将所有行动者划分在同一水平面做探讨。只有透过上述深层地梳理出版场域中的资本的掌握、交流与积累差异,以及行动者间的结构位置与相互因资本不同所产生的制衡关系,才能真正体现出消费者所愿意消费的出版物"价值"如何在出版场域上被行动者通过资本"交织"与"互换"而塑造形成。从上述的论述中即可明白,为何价值链仅是一种扁平化的活动流程,而不能立体化地呈现出版场域结构因行动者的资本掌握与所处位置不同而生产出不同"价值"的阅读物。

本研究欲进一步深入探讨这些行动者在"价值活动"中所掌握的资本交流、互换与其间制衡关系的运作。从出版场域结构的分析中则可清楚看到出版产业中,从创作者的个人作品与整体生产上"价值活动"脉络的结合,到最后消费者手中书籍间的关系。

(1)纸媒时代下出版场域中的行动者与资本运作

如图 3.1 的四个端点,分别为"创作端""制作端""流通端"和"阅听端",为纸媒

[①] 杜丽琴.当传统编辑遇上数字编辑——以大英在线知识库中文化书为例[M].台北:出版年鉴,2004:302.

时代下出版场域的结构框架,依照这四个端点所交织出来的场域的行动者包含作者、出版社、政府、印刷厂、经销商、零售业者/书店/出租店、专业评论者,以及读者等。每种行动者掌握着不同的资本,通过资本互换与交流而形成出版产业的运作逻辑。作者因知名度不同而掌握有不同的象征资本,亦因创作题材的不同而有高低不同的文化资本产出;出版者则因其品牌知名度、规模大小的差异则掌握有不同的象征资本、文化资本与经济资本,品牌知名度高且成立时间长,则相对握有较高的象征资本,出版者所出版的题材差异则会影响其文化资本的掌握,如大众或草根性出版物则被视为文化资本较低的出版类型。出版者规模越大则掌握的可运用经济资本则越高,出版社的象征资本与经济资本高低会影响其在场域中争取高象征资本作者的能力以及与经销商、零售商/书店(渠道商)的谈判条件。经销商与零售商则是位于出版者跟读者间的中介者,他们掌握了书籍面对读者的曝光度与呈现方式,出版者的品牌象征资本、经济资本,以及旗下作者与作品的象征资本是渠道商在与出版者合作谈判的衡量条件外,零售商/书店(渠道商)与出版者之间的社会资本关系也会影响合作时的利益取舍。本研究将政府纳入出版场域的行动者原因在于,中国大陆的出版政策方向会间接影响出版物是否能问市,且实体出版物又需经过三审三校才能申请书号进而出版,而书号每年仅分配给特定的国有出版单位,成为国有出版社不同于民营图书公司所持有的政策资本。专业评论者常见于报纸杂志等媒体发表出版物的评论意见,自身必须掌握一定高度的象征资本与文化资本,在此两项资本的掌握下其评论才会有影响力,专业评论者的影响力会间接影响读者的购买意愿,相对也会影响作者与出版物的象征资本与文化资本。读者则是会因个人文化资本与经济资本差异选择阅读不同类型的出版物。

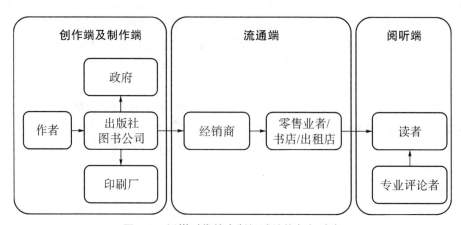

图 3.1 纸媒时代的出版场域结构与行动者

(2) 作者、出版社、政府间的资本交互关系

在创作与制作面,此环节的行动者为作者与出版社。作者与出版社是一种相互合作与衡量的关系,这层合作关系是以双方各自所具备的"资本"为衡量依据。以台湾的时报出版社为例,赵政岷总经理在访谈中提道:

> 时报出版所具备的第一个优势即是品牌,因为时报出版社经营长达 40 年的历史,而有一些很有名的作家,所以这个品牌是我们的优势。①

知名作家在合作时相对也会选择给具备一定影响力象征资本的出版社出书,这类型出版社因长年经营建立了出版社品牌,即为第一层面的象征资本。长久经营的品牌相对累积更多的知名作者或畅销作品的出版经历,这是第二层面出版社象征资本的积累。

出版社因长久时间的品牌经营而累积自身的象征资本,以及出版畅销与名家作品等经历的间接象征资本。当出版社建立足够影响力的象征资本后,对上游作者资源的争取,以及下游渠道商的谈判话语权皆更具优势。出版社的象征资本需要时间与其他各项资本综合积累而建立,然而,一旦出版社建立了足够影响力的象征资本,相对亦更容易吸引其他资本进入出版社。这是一个双头相互影响积累的关系,也是出版场域最核心的运作逻辑。一个出版社的象征资本,也是最不易建立的"品牌"来自长年经营历程中各项资本积累。象征资本的建立是经营文化产业最为困难之处,但也是经营文化产业最重要之处,出版社仅是其中一个产业体现。

另一方面,除了作者衡量出版社所具备的资本外,出版社亦会衡量作者的自带资本。根据曾分别与大小不同规模出版社接触并有出版经验的张女士在访谈中提道:

> 出版社在寻求作者合作时,作者本身的营销资源很重要,作者的粉丝团有多少人对小出版社来说尤其重要,大出版商反而没那么看重。作者是否在哪些知名媒体平台发表过文章,即作者自身所具备的营销资源,出版社最终还是要看作者能够卖出多少书。②

作者除了作品品质外,作者的象征资本是出版社愿付多少经济资本投入的衡量依据。当作者具备更丰厚的象征资本或其他资本,就会有更多的出版社愿意与其合作。因此,作者与出版社间以一种双方相互衡量彼此所具备的资本作为合作

---

① 2015 年 7 月 20 日,本研究者对时报文化出版企业股份有限公司赵政岷总经理的访谈记录.
② 2014 年 10 月 12 日,本研究者对某文化出版有限公司张女士的访谈记录.

意愿考量与付出多寡的依据。

　　本研究将政府视为出版场域行动者的原因在于，中国大陆的出版产业并不全然属于自由经济市场的体制。出版单位分为体制内的国有出版社与体制外的民营图书公司。出版社在中国大陆全属于国有企业，而多数民营的图书策划单位则以文化、传媒为注册单位，在业界称为图书文化传媒公司或工作室，但这些民营单位并无出版权。政府可视为中国大陆出版场域中的一个行动者，因其掌握书号的分配权，因而间接影响出版物是否能问世的决定性角色，因而书号成为某些国有出版社的政策资本。另一方面，政策的制定也会影响出版市场的动向以及产业的运作，因而本研究认为政府也可视为中国大陆出版场域的行动者之一。

　　(3) 经销商、渠道商强势话语权的掌握

　　在流通端，出版物一旦到了大量生产与传播、展售阶段，就须仰赖出版组织建构的强大发行网并通过经销将作品传送到消费者面前。展示贩卖阶段亦为出版产业中重要的一环，因为这是书籍与阅读者的接触环节，出版社如何与渠道商做良好的沟通，以便让书籍在渠道中取得最佳的曝光位置，活动营销与价格的制定，这都是此环节所需解决的问题。在中国大陆渠道划分可分为"一渠道"与"二渠道"，"一渠道"为一地区最大的书店，比如新华书店，第二个渠道是民营渠道，除了大书店之外的小书店，属于民营小渠道，叫作"二渠道"。① 在中国大陆，"一渠道"主要为国有体系。"二渠道"则为民营的零售小书店。在纸媒时代下，民营的二渠道渐受网络商城如当当、京东网的影响而逐渐没落。即便网络渠道的兴盛，实体销售渠道仍是许多出版单位重视的一环，因为书籍在有限空间下的曝光度影响销售量甚巨。目前中国数一数二的民营图书公司博集天卷的工作同仁们在访谈中皆提到，博集天卷最具优势的即为渠道管理，因为博集天卷总经理提出"渠道下沉带动销售前移"。渠道下沉即公司雇用近40个专门理货人员去各地实体书店查看，博集天卷的每一本新书到店之后理货人员必须清查到货状况、新书摆放位置，用手机拍照回传总公司，并总结书籍的销售状况及回报是否需进货。②

　　在台湾，渠道称为通路，在纸媒时代，实体书店通路兴盛于1949年以后，台湾刚开始都是先有书店，后有出版社。台湾解严后的20世纪80年代末，金石堂成立，仿照日本大型连锁书店经营模式，并开始举办新书发表会。在此之前出版社从来不办新书发表会，都是在报纸上登广告，有时候一篇书评能让一本书多卖上千本。台湾现代书店的经营理念是从金石堂开始的，兼营文创产品和餐厅，和过去传

---

　　① 2015年5月28日，本研究者对一本图书策划工作室王俊灵总策划的访谈记录。

　　② 2015年8月21日，本研究者对中南博集天卷文化传媒有限公司数字媒体事业部秦青策划编辑的访谈记录；2015年8月28日，本研究者对中南博集天卷文化传媒有限公司第二编辑中心马占国副总监的访谈记录.

统书店的经营模式不一样。后来金石堂越做越大,成为台湾地区最大的连锁书店。到了1989年,诚品书店创办,主要经营人文艺术类书籍,诚品最初也以人文艺术专业书店的面貌出现,不过单单靠书店,还是难以维持经营上的平衡,所以诚品一开始就是多样经营,除了卖书,还代理很多其他产品,比如高级文具、寝具、手工香皂、红酒、法国造币局纪念币等。后来,有了诚品画廊、诚品讲堂、诚品艺文空间。金石堂面向的是一般的中产阶级,而诚品定位的是较高阶的中产阶级。① 直到今日,在台湾仍以金石堂与诚品为两大连锁实体通路(渠道)。出版社出书常需与这两大通路(现今加上博客来网络书店则为三大通路)打交道并给予最大的资源合作,城邦书虫的营销企划专员陈奇伟在访谈中提道:

> 如果博客来(网络通路)去跟出版社商谈要做什么活动,大部分出版社都会配合,因为它最大。在诚品也有差不多感觉,因为他们就是所谓的台湾三大通路(金石堂、诚品、博客来)。台湾的营销比较集中在三大通路,因为台湾常强调独家这种东西。譬如说可能博客来会要求出版社要独家预购,或者要独家赠品,或者独家书封。因为三大通路的要求,有些出版社会比较聪明一点,他会在出一本书的时候,同时出三种书封,一个给博客来,一个给金石堂,一个给诚品,就会比较有针对性。目前,由于博客来的渠道势力最大,多数出版社则会主动提供独家资源给博客来。②

上述访谈说明了渠道(通路)商与出版社的关系,出版社为了取得强势渠道(通路)的合作,必须提供相应资源配合。虽然渠道(通路)商需要出版社的优质书籍,然而,出版社更仰赖能接触大量读者的渠道(通路)商。由此可见,在出版场域的资源交流过程中,渠道(通路)商的话语权因能掌握读者而略高于出版社。甚至出版社品牌大小与特色皆会影响其出版物在渠道端的曝光度。身为新兴与微型出版单位负责人柯延婷总监在访谈中提道:

> 书店采购还是会认品牌,这个应该是很多的出版社讲过。书店采购,他们还是会对所谓的成立比较久的出版社或者是名声比较大的出版社,或者是已经出版非常非常特殊书籍的出版社印象比较深刻,且认可度比较高一点。③

---

① 澎湃新闻."吴兴文:从萧孟能到初安民,台湾出版这些年". http://m.thepaper.cn/newsDetail_forward_1339994?from=timeline&isappinstalled=(2015年7月25日访问).
② 2014年10月23日,本研究者对城邦书虫股份有限公司营销企划专员陈奇伟的访谈记录.
③ 2015年6月30日,本研究者对匠心文创、渠成文化出版策划总监柯延婷的访谈记录.

另外,身为小型出版社营销主任的林婉萍在访谈中亦提道:

> 现在是个"重通路"的时代,而通路"重大出版社",出版品牌在此环节影响大。小出版社机动性强,必须做出"特色",通过"特色"做出品牌优势。①

从上述访谈,我们可以了解到,在出版场域中,渠道(通路)商比起出版社更掌握话语权,因渠道(通路)商掌握一本书面对消费者的机会,当渠道(通路)商掌握更多的读者资源,出版社相对也会在该渠道(通路)投入更多资源。另一方面,出版社的象征资本,如品牌大小与特色,亦是出版社与渠道(通路)商谈曝光度的重要资本。

3.1.2　数字时代下的出版场域结构与行动者运作

不同于纸媒时代,网络的进步缩短了时间与空间,因此作品与作者稿源也不再是以本土化为主。现今有更多翻译书或是其他地区的作者与作品流通于市面上。

此外,根据2011年台湾博客来报告,文学小说"Top 3000"书目里,就有51%是欧美翻译小说、22%中文小说、16%日本小说、9%轻小说。文化部进一步针对博客来2011年书籍销售总榜"Top 100"书单再深入统计,约有54%为外国作家;"Top 20"书单中,约有60%为外国作家。② 从上述访谈与研究报告的数据中显示,出版稿源在数字与网络时代下,越来越多是来自于其他地区与国家的作品。在台湾,本土作家作品逐渐势微,取而代之的是一些网络红人,如插画家、"部落客"等一些较无深厚创作与写作技巧的出版物。

网络带来产业结构变革除了稿源外,亦从产业的末端渠道产生影响。渠道(通路)影响体现的是实体渠道(通路)在整体产业结构中逐渐势微。然而,网络亦造就网络渠道的兴盛,成为最强势的书籍贩售渠道,王俊灵总策划在访谈中提道:

> 网络对现在出版的流通渠道影响很大。与当当网的发展对应的,在

---

① 2014年10月15日,本研究者对沐风文化出版有限公司营销主任林婉萍的访谈记录.
② 台湾数字出版联盟."2012台湾数字出版市场现况报告". https://docs.google.com/file/d/0B0_wb-nEeE-UfUjJsbzhvaVdSdUk/edit(2015年7月30日访问)

国外其实展现的是亚马逊的崛起。这个时候当当开始大量的书籍打折,我们发行图书除了在地面店销售之外,读者开始在网络上购买书,这个对中国出版行业的影响非常非常巨大,所以以前我们都是全价买书,都在家里旁边的书店买,但是这十年之间,大家习惯了在网上买折扣书。网络的销售是从当当网开始,后来包括京东、亚马逊,就是从当当网的比例来看,当当网等于是京东加亚马逊还加其他的,现在要占到整个出版行业销售的三分之一。①

在台湾,网络书店博客来的出现也成为一个强势渠道(通路),大块文化出版股份有限公司业务部徐纬程专员在访谈中提道:

> 博客来一定是出版社最重视的通路,通常来说出版社一定都会把最好的东西留给博客来,所以其实我们跟博客来讲一定会针对重点书去讲。那博客来的运作其实真的就是商业化。它就是什么书都可以卖,看你怎么样去操作跟推广。因为它实际上是最大的通路,很多人想到买书就会说我要去博客来买书,所以通常大的出版社比较容易争取到博客来曝光资源,如果小出版社的话,他可能连看都不看你的。②

上述是从整体出版场域结构谈起,我们可以发现,网络与数字科技的出现带来的是书籍在渠道通路上的变化。实体渠道商的势微以及网络渠道商的加入与兴盛,网络渠道成为出版社最为重视的新行动者,也因此将最好的资源、重点书目提供给网络渠道这个掌握最多读者的新行动者。从上述的访谈内容中也体现了网络渠道商在场域中的位置,网络渠道商因掌握了读者资源与书籍曝光度的决定权,因此,在场域中的位置高于出版社,且大型出版社在品牌的象征资本优势下,其位置更高于小型出版社。

(1) 数字时代下出版场域中的行动者与资本运作

如图3.2所示,数字时代下出版场域结构如同纸媒主流时代的结构仍可分为"创作端""制作端""流通端"和"阅听端"。亦如同纸媒主流时代依照这四个链结端

---

① 2015年5月28日,本研究者对一本图书策划工作室总策划王俊灵的访谈记录。
② 2014年10月1日,本研究者对大块文化出版股份有限公司业务部专员徐纬程的访谈记录。

所交织出来的场域的行动者包含作者、出版社、政府、印刷厂、经销商、零售业者/书店/出租店、专业评论者，以及读者等。大部分行动者所处的场域位置与所掌握的资本与纸媒时代相似。然而，出版场域间的行动者权力、势力与资本掌握运用因网络出现而产生了变化。如经销商或零售业者/书店/出租店等实体渠道商因网络的出现而受到威胁，地位逐渐虚位化与势微。另一方面，由于网络的兴起，没有实体店面租金压力的网络书店商城崛起，并渐渐侵袭实体渠道商原有的场域地位成为新兴的行动者。而网络与数字科技造就了电子阅读的兴起，原本仅与通讯业务相关的移动运营商也多了一个数字阅读平台商的角色，进而成为出版场域的新行动者。

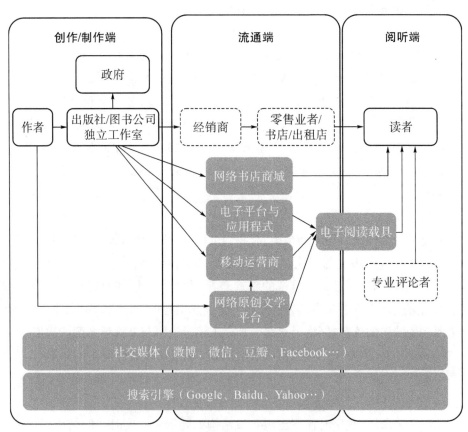

图 3.2　数字时代下出版场域结构与行动者
"势微"行动者（虚框）的虚位化和"新兴"行动者（黑框）的强势加入

智能手机的兴盛,也带动了手机阅读的兴起,电子平台与手机 App 在电子阅读趋势驱动下成为出版场域中的新兴行动者。此外,网络原创文学平台商在手机阅读与网络社交媒体的发展下,更是在中国出版场域中占了举足轻重的地位,其背后的运营者为掌握庞大经济资本的互联网企业,并通过开放式平台汇集各方创作者上网络创作,借此累积作者与作品的象征资本,并让作者与读者间以平台题材划分作为文化资本的分类,使品味契合的作者与读者直接在网上建立社会资本的连接。本研究亦将社交媒体与搜索引擎视为出版场域中的新行动者。社交媒体提供人人发表意见的权利,读者相信朋友的评论意见更多于专业评论者,社交媒体的兴起翻转了过去以专业评论者由上而下的意见主导地位,因而专业评论者的地位在数字时代下逐渐势微。此外,社交媒体成为新锐作者累积象征资本的平台,也成为出版者操作营销的免费工具,也是读者阅读内容与获取新知的渠道,因而社交媒体的位置与功能是贯穿整个出版场域。搜索引擎亦如同社交媒体是数字时代下出版场域的新行动者,搜索引擎正在扮演出版者的角色,搜索引擎和出版社与书籍一样能提供读者知识、娱乐,并且汇集全世界各地的最新、最及时的讯息,任何人都可以在其中扮演作者的角色提供资讯与内容,因此搜索引擎亦为贯穿整个出版场域的新行动者。

(2) 数字时代下出版场域的"势微"行动者

网络提供许多免费的资讯与娱乐,因而成为与出版社竞争读者时间的头号对手。然而,相对网络也为出版社带来了更多元、免费、低成本的方式去接触消费者,这现象也让出版场域中部分行动者逐渐势微。渠成文化总监柯延婷在访谈中提道:

> 对于我们来讲,有一个不一样的期许是在一两年之内,我们家的书可以不靠实体书店贩售,没有人说书只能在书店买,我能不能通过别的方式把书送到读者手上。我觉得网络商店是一个方式,跟出版社之间直接购买书是个趋势,只要出版社愿意。出版社不愿意去做是因为很麻烦,事实上我觉得,如果在这样的情况下,能够保留比原来更高两至三成获利的话,麻烦也要做。出版社会有一些刻板印象,会觉得某些事情不应由出版社来做,但对我来讲,这些刻板印象都可以被打破,也都可以被改进。①

网络时代下,对于出版产业结构的影响除了带来了新行动者外,亦逐渐让场域中某些环节的行动者逐渐势微。上文提到,业者逐渐跳过渠道(通路)向读者贩售

---

① 2015 年 6 月 30 日,本研究者对匠心文创、渠成文化出版策划总监柯延婷的访谈记录。

书籍,我们可以推论出实体渠道(通路)商与经销商的功能将逐渐势微。耕林出版集团高琬祯总编在访谈中对于产业结构的变化提道:

> 产业结构真的差很大,就是很多下面(产业链下游)都倒光了……租书店也倒,一般书店也倒了,然后可能剩大型书店还在撑。最后都是网络书店直接跟读者接触,那个结构整个下面都不见了。就是末端好像都直接跟读者去接触,例如团购网。团购网结构比较廉价,没有由下到上,都是四面八方来,然后他就直接让你购买,也没有经过太多的经销商和关卡。再者通过中间(经销商),很多中间人(经销商)可能倒了收不到钱,或是经营不善,或是说他不愿意给你陈列面,因为竞争太激烈。①

经营纯文学出版的尔雅出版社负责人隐地先生提道:

> 出版结构最大的差异性在于,以前在书店和出版社之间还有中间商扮演桥梁的角色,如今几乎已无书籍中间商,中间商的消失,等于是纸版书的丧钟——但往后书店虽然不见了,纸版书却不会消失。②

时报文化出版的赵政岷总经理在访谈时提道:

> 金石堂全盛时期超过100家店,现在剩60几家,金石堂2015年1—6月已经关了6家,到年底预计关9家,这个月的信息是台南最大的、唯一一家的中间商结束营业,嘉义唯一一家的中间商也结束营业,台北也有一家中间商结束营业,所以连一个地区,或者是一家的中间商都支撑不下去,这是很可怕的事。③

另外,华夏出版简澄镛总经理亦提道:

> 台湾这两三年收了不下100家书店,小说出租店更是少了1 500家左右。某些连锁书店甚至是门市租约到期就收掉。台湾南部有两家区域性经销商准备结束营业,北部在2015年上半年也收了一家区域性经销商。④

---

① 2015年6月23日,本研究者对耕林出版集团高琬祯主编的访谈记录.
② 2015年11月2日,本研究者对尔雅出版社负责人隐地先生的访谈记录.
③ 2015年7月20日,本研究者对时报文化出版企业股份有限公司赵政岷总经理的访谈记录.
④ 2015年6月3日,本研究者对华夏出版简澄镛总经理的访谈记录.

台湾在渠道(通路)方面,远流出版事业股份有限公司徐主编在访谈中提道:

> 网络书店(博客来)如今已经是台湾出版最大的通路商,网络购物的便利性让实体书店面临不小的威胁。从出版社的角度来说,许多营销案的配合也开始倾向与网络书店合作,过去会尽量采取平衡策略(兼顾网络和实体书店),但现在不少出版社会大胆和网络书店有独家配合,甚至只在网络书店上架,完全舍弃实体书店的销售。①

中国大陆方面,网络书店的出现也对实体渠道带来很大的影响,王俊灵总策划在访谈中提道:

> 中国的出版行业有一个特别大的问题,对出版商来说,就一渠道(国有书店,如新华书店)和二渠道(民营实体书店)的回款特别慢,就是我书卖出去了,我钱收回来大概要8~12个月,但是从当当网的网络渠道是回款最快的。当当网一开始还比较快,在1~3个月,现在3~4个月,和8~12个月(实体渠道回款)相比,盈利比决定了出版商们愿意把书放上去,就算它给我打到五几折,我一本书赚很少的钱,但是因为数量大,而且回款快,再加上后来读者也习惯了网络购买。②

中国大陆的一渠道属于国有体制,有着国家资金的支持作为后盾下仍可勉强生存,然而亦属于地面渠道的民营的零售书店则在网络与数字的影响下纷纷倒闭。从上述两岸的访谈中可理解到网络书店兴起,因而使实体零售书店走向势微。

过去专业评论者的背书常能为一本新书做象征资本的提升,然而,沐风文化出版有限公司林琬萍营销主任在访谈中提道:

> 现在做书籍营销越来越困难,过去请部落客试读,或是请知名大家写推荐序或联名推荐等营销方式似乎都无法让销售提升,这些推荐式的营销手段亦渐渐无法在当今市场发挥作用。③

从上述的访谈内容中可得知,在出版场域的各阶段价值活动中,流通面的行动者如经销商及实体通路商因网络的出现而将逐渐势微且虚位化。近年来,从实体

---

① 2015年7月21日,本研究者对远流出版公司徐主编的访谈记录。
② 2015年5月28日,本研究者对一本图书策划工作室王俊灵总策划的访谈记录。
③ 2014年10月15日,本研究者对沐风文化出版有限公司林琬萍营销主任的访谈记录。

书店中书籍的呈列占比的降低亦可说明书籍在实体通路贩售力量的下降,进而也影响了经销商在出版场域中的势力而纷纷倒闭。专业评论者的地位与发言影响力亦逐渐势微,其不再是出版者有效用的营销工具,取而代之的是社交媒体所累积起来的大众评论影响力。

(3) 数字时代下出版场域结构的"新兴"行动者

数字科技与网络发展,对于出版场域结构的影响无非是加入更多参与者、行动者与组织于其中。由于是从场域的视角出发探究结构,因而首先必须梳理在数字科技与网络时代下,出版场域中有哪些新兴的行动者。如图 3.2 所示,灰色区块为出版场域在数字时代下的新行动者,而虚线部分为该时代下的逐渐势微者。

从稿源面谈起,纸媒时代由于出版门槛相对于今日较高,若要让出版社愿意为作者出书,作者得不停花时间投稿,尤其是新手作者,直到有愿意赏识的伯乐(出版社)出现。然而,现在新手作者可以借由网络上的免费工具在出版前先提升自己的象征资本。因此,网络科技的出现,打破了纸媒时代的出版壁垒。本研究访谈到曾在某文化出版有限公司出版的张女士,其原为知名旅游博客、在脸书(Facebook)上亦有 2 万人的粉丝团。张女士在访谈中提到即便是知名博客仍想出版实体书籍的原因:

> 我觉得出书的话等于就是印了一张很好看的名片。因为你说你自己是个作家,一本书的作家,跟你是一个"部落客",或者是你在网络上其他平台当线上专栏作家,那个感觉是不一样的。我觉得大家还是会比较尊重作者这个身份,或是有什么工作机会的话,出了这本书,大家会觉得你可能是真的很懂这个领域,如果你只是在博客上面写的话其实没有那么大的效应。①

在访谈中进一步问到为什么不尝试"自助出版":

> 我觉得自助出版跟出版社出版的名片效益是不一样的。因为我现在出版这本书还是为了印张很大张的"名片"。由出版社找你出版跟你自己出版的效益是很不一样的。②

从以上的访谈中我们可以看到象征资本与文化资本在此场域间的作用。部落客将网络上的文章出版成书籍这个含义,就如同其象征资本与文化资本获得了认

---

① 2014 年 10 月 12 日,本研究者对某文化出版有限公司张女士的访谈记录。
② 2014 年 10 月 12 日,本研究者对某文化出版有限公司张女士的访谈记录。

可,用以证明其专业性。从另一个角度看,部落客对于出版社的选择也类似于布尔迪厄文化资本与象征资本的概念。从网络"部落客"到成为作者,这之间"部落客"需要出版社品牌的象征资本与文化资本,替他的专业性做加分作用。当"部落客"获得大型知名出版社的出版机会,就代表其所掌握的优势象征资本与文化资本。

另一方面,数字科技与网络时代下,随着书籍的商品周期生命缩短与单笔书种销售量亦逐年降低,出版社需要更多元的出版物进入市场,因而作者来源更加多元化,出版社越来越常在博客、论坛或社交媒体寻求出版来源。杜副主任在访谈中提道:

> 我认为互联网上没有等级的区别,等级的概念被打破了。从前找一位名作者,需要做很多工作,例如拜访、邮寄信件。现在只需知道手机号、邮箱、微博、微信。发个电子邮件,发个消息,只要双方的利益点和气场可以契合,那就有机会合作。新的技术下,人与人的物理和等级距离大大拉近。这也就改变了出版的生态。①

另外,一本图书策划工作室的王俊灵总策划提道:

> 《盗墓笔记》代表了整个产业在内容方面从源头到现在的产业的整合,IP 的整合,它所带来的一个完整的线条,那首先大概就是从我入行的时候开始,我们那会儿开始找选题,有一大半都是在网上。出版的来源,那时大概是先去找小说,有几个比较重要的小说网站,这个趋势到现在依然没有缩小,现在还更大了。比如我们关注一个作者,有可能是在微博、微信公众号上看到他,就去跟他谈,包括像 2014 年最热的张嘉佳的《从你的全世界路过》,这个作者本身大概已经写东西十几年了,一直不火,前年他把他的作品放在网上,一个个单篇,超火,这个其实体现的是趋势的不同,即除了内容之外,出版的营销传播也走向网络化。②

出版社需要作者在网络上的知名度,也就是作者的象征资本以作为书籍在出版前的读者基础的保证,在此保证下可降低出版书籍的投资风险。由于信息来源广泛,出版的作品及作者来源亦较过去多元化,在出版场域中多了更多来自网络的写手,且多数出版社会从网络上挖掘可开发的作者,甚至是培养作者,常见如网络原创文学、名人博客。在台湾如九把刀;在中国大陆如郭敬明。近期则以在微信上

---

① 2015 年 5 月 28 日,本研究者对某出版集团之图书出版公司总编辑室杜辉副主任的访谈记录.
② 2015 年 5 月 28 日,本研究者对一本图书策划工作室王俊灵总策划的访谈记录.

爆红的脑瘫草根诗人余秀华为代表,她原本为一农妇,其诗作在微信的《诗刊社》公众号上选发,因民众转发而一夕之间爆红,众多出版社因而争相出版。① 从中我们可以看到社交媒体打破的界限,以及所触及的影响力不仅是出版内容、作者的来源,甚至是出版地区的界限。只要能在社交媒体中产生知名度,塑造出象征资本,就有进入出版场域的可能性,而且这个场域是可以跨地域的。

因此,本研究认为出版场域结构与过去最大的差异之一在于社交媒体的加入。"社交媒体"可视为出版场域中的"新行动者"。通过社交媒体可以塑造作者的象征资本,此外出版社还能从网络或社交媒体中寻找出版的内容来源。本研究认为社交媒体是贯串在整个出版场域结构与价值活动中,其原因在于,网络社交媒体除了作为出版物的稿源供应外,现今出版者亦将社交媒体视为一个很重要的免费营销资源。过去出版社要花大笔"经济资本"的营销活动,在社交媒体的出现后所需耗费的经济资本几乎归零。多数访谈者在访谈中皆谈到网络社群营销。然而,经营文学出版多年的尔雅出版社负责人隐地先生在访谈中感叹道:

> 我们未来面临的新世界,将是"脸书"的天下,纸本书逐年减少,就算书种不减,印量也会越来越小儿科。②

在社交媒体的发展下,出版甚至是可以不需通过书籍通路销售环节的。印刻文学初安民社长在访谈中提道:

> 最近的脸书(Facebook)有一个傅月庵,他做了一套书,这套书并不在市上出售(指的是上一般书籍渠道销售)。跟作者讲好了合作方式,只在脸书(Facebook)上卖限量版,且定价蛮高的,做得很精致,一套卖 1 600 多块(新台币)。③

上述案例能成功在于傅月庵本身在出版界就有一定的象征资本,其脸书(Facebook)已达到一万多名的追踪者,且有 5000 多位粉丝,④这在台湾小市场规模且小众的文学领域是相当具影响力的脸书账号。所以傅月庵可以用其象征资本的优势取代经销与通路。加上限量在社交媒体中的拉抬效应下更彰显出版物的价值。

---

① 人民网."'脑瘫'诗人余秀华爆红 遭多家出版社争抢"http://culture.people.com.cn/BIG5/n/2015/0122/c22219-26428563.html(2015 年 7 月 30 访问)。
② 2015 年 5 月 28 日,本研究者对尔雅出版社负责人隐地先生的访谈记录。
③ 2015 年 6 月 12 日,本研究者对印刻文学初安民社长的访谈记录。
④ 傅月庵 facebook. https://www.facebook.com/profile.php?id=100000788247231(2015 年 7 月 30 日访问)。

上述是台湾的例子,而在中国大陆出版场域亦受到"社交媒体"影响,甚至社交媒体造就了"自媒体"①的诞生。在中国大陆,许多"自媒体"是因微信公众号与微博的运作下而兴盛。人民出版社大众图书部策划总监许挺在访谈中提到自媒体对出版业的影响:

> 自媒体在蓬勃发展,现在自媒体也可以卖书。就是你跟一个大公众微号去合作,然后它给你在微信下开一个卖书的平台,去给你推书,而且这个量还是比较大的,而且是细分市场。②

在大陆最具代表性的"自媒体"就是吴晓波与罗振宇(罗辑思维),他们都是因微信公众号而备受关注。"吴晓波频道"微信公众号的订阅人数超过 70 万,与爱奇艺合作的同名视频播放量超过 1 亿,且吴晓波的书友会从 2014 年 6 月开始发起,到 2015 年 5 月在全国各地已经有 80 多个"分舵"。③ 罗振宇的《罗辑思维》视频节目在优酷上的点击量超过 2.4 亿,微信订阅号用户 420 多万。④ 其中与出版相关的活动是每集脱口秀中都会分享并讨论一本书,罗振宇则以推荐人的角色以及自己的审美品位来为书籍来背书。罗振宇最成功的售书模式莫过于他在 2014 年 6 月 17 日的微信公众号销售一套由罗振宇自行选择的六本书籍所组成的图书包,定价 499 元人民币,消费者不知他们买了哪六本书,仅知道他们会买到限量 8000 套由罗振宇所选择的六本书,还有一封关于罗振宇为何选此六套书的书信。这套书在逻辑思维店铺(微店)销售,并在短短 90 分钟内售罄,创造了 400 万人民币的营收。⑤ 由上述这些案例可发现书籍在书友会或自媒体的运作下,因自媒体的象征资本加值而被大众关注到,相对而言也会提升书籍的销量。此外,许总监进一步说明了微信公众号的直销模式,其提道:

> 微信公众号的直销模式,直接对接读者。以前我们的传统渠道是,我们编辑部门把书编起来然后给发行部门,发行发给总经销商,然后总

---

① 自媒体指的是具有传统媒体功能却不具有传统媒体运作架构的个人网络行为。
② 2015 年 5 月 29 日,本研究者对人民出版社大众图书部许挺策划总监的访谈记录。
③ 百度百家。"吴晓波卖酒和罗振宇卖书有什么不同"。http://qiuyong.baijia.baidu.com/article/82971(2015 年 7 月 30 日访问)。
④ 汇客厅观察。"罗辑思维凭什么不到一年挣一个亿?"。http://shequnhkt.lofter.com/post/1d392205_714318e(2015 年 7 月 31 日访问)。
⑤ 出版商务周报。"出版业社群营销现状扫描"。http://mp.weixin.qq.com/s?biz=MzAxNzAxND-cxMg==&mid=208335612&idx=1&sn=26cff9c748dfdb2f9454c312dd90c0ea&scene=5#rd(2015 年 7 月 31 日访问)。

经销商再往下一级的经销商一级一级地再发,最后通过书店才能到读者手中。现在是通过一个微信公众号,或者说出版社自己做一个微信公众号,少了下面的这些环节。我们以前都是出版社往外发货的话,你比如说是5折,然后中间的钱基本上让经销商赚了,而且我们5折还有一些印制成本、稿费成本,到我们可能只有20%的利润,而且还是欠货,我们先把货给他们,而且还有账期,现在如果我们是通过互联网公众号或自媒体营售模式,以微店、微商平台做来直销,一天可以卖到500本,就很厉害了。①

上述这个公众号直销、自媒体推荐书、卖书与台湾的脸书卖书模式都是读者作为一个粉丝群体对于社交媒体中信息发布者与分享者象征资本的崇拜或是文化资本的信赖,因而可以直接跳过以配送为手段,以抽成为盈利目的的经销商。

在纸媒为主流时代下的出版思维中,一本书的出版,主要由"文人圈"②结构中的行动者进行创作与出版。相对于"文人圈",有更多的外部"大众圈"③读者亦有阅读的需求,但其本身并没有任何手段让处于"大众圈"之外而处于"文人圈"之内的出版商或作者了解其阅读需求。④ 在网络时代的发展下多数出版者也就是上述所谓"文人圈"人士是在网上进行创作或是出版内容来源搜寻,而在网上的各项活动是由大众所参与的,从网上所搜寻出的出版内容来源亦是经过大众认可后走红,并构建出作者与作品的象征资本后才会被出版社开发而走向书籍出版的流程。因此,过去所谓由"文人"进行的出版活动已在网络时代下因"社交媒体"与"搜索引擎"这两类"新行动者"的加入而打破"文人圈"与"大众圈"的藩篱,甚至是先由"大众圈"的读者决定阅读喜好,再由"文人圈"出版者进行出版。从上述对于社群与网络媒体在出版业中的影响,可以说明本研究为何会将社交媒体列为新行动者,并认为社交媒体在场域结构中的角色是贯穿创作/制作、流通、消费者阅听整个场域,参与所有出版"价值活动"。

另一个新行动者则为如百度、Google、Yahoo等"搜索引擎"加入出版场域。根据台湾资深出版人詹宏志先生在《书香两岸》的访谈中提道:

---

① 2015年5月29日,本研究者对人民出版社大众图书部许挺策划总监的访谈记录。
② "文人圈"这类群体聚集了绝大多数的作家,而且也吸收了从作家到大学文史研究员,从出版商到批评家等出版活动参与人士,其出版活动是在一个内部封闭的交流圈中流转运作。
③ "大众圈"属于大众读者,其所受的教育尚不足以对出版物掌握有理性判断与诠释能力,工作环境与生活条件并不利于进行经常性阅读或养成阅读习惯,这些读者有一部分是小中产阶级,而有更大一部分是上班族、劳动者或农民,但他们依然有着阅读的需求。
④ [法]罗伯特·埃斯卡皮.文学社会学[M].叶淑燕,译.台北:远流出版社,1991:93.

第三章　出版场域结构梳理与行动者模式划分

今天,出版的问题是另外一个问题——过去我们取得知识的绝大部分方式是通过纸本的书和杂志来获得。这是我这个世代的人取得知识的方式。而今天用这样的方式来取得知识的人的比例在下降,这才是严重的问题。即使所有的书都转成电子书,大家也都用得习惯,书还是在减少,杂志还是在减少,因为已经有大量的阅读者不再用这种形式了。简单说,互联网有内容、有读者,这不就是出版吗?只是他们都没有用到出版这个字,也没有意识到他们在使用出版这个行为。出版者和阅读者都没有察觉,但是使用互联网这件事都占用了你很大一部分的时间,这个形式连电子书都没有办法解决。所以电子书是在解决过去的问题。出版者要解决今天的出版困境,他必须到未来的学习者取得知识的地方去做出版,不能继续使用现在出版的形式,使自己越来越跟这个社会不相干。注意,不是不好,是不相干。举个例子,现在全世界最好的百科全书极可能还是《大英百科全书》,可是最好有什么用?它现在跟我们大部分年轻人是不相干的。大部分人不知道这个东西曾经是最好,现在仍可能是最好的。或者,《大英百科全书》跳出来说,维基百科有多少可能的风险、可能的缺点,也没有用。新一代用的都是维基百科。而我也不觉得现在的年轻人用的是维基百科,真正改变他的行为的是"搜索引擎"。[①]

从上述詹宏志先生访谈中的内容,我们可以理解到,搜索引擎正在扮演出版者的角色,搜索引擎如同出版社与书籍一样能提供读者知识与娱乐,并且汇集全世界各地的最新、最及时的讯息,任何人都可以在其中提供资讯并扮演作者的角色。因此,搜索引擎可被视为一并完成原本出版场域中所有"价值活动"的新行动者。而这个新行动者正以低价甚至是免费方式提供读者原先必须付费给出版社以取得内容的模式,打破运行500多年来的出版价值链。

从上述这些新行动者中的特性归纳,我们可以总结一个结论,即"网络"的出现带来了新行动者,这些新行动者皆是寄托在网络下所诞生的。网络对于出版产业来说是一道"双刃剑",它带来了公平的作者曝光度与作者资源、免费的营销与渠道,但也以免费的方式提供读者知识与娱乐,取代传统出版社角色的功能。

网络与数字时代的新行动者除了社交网络及搜索引擎外,还有其他与阅读相关的新行动者,例如移动运营商、网络原创文学平台、电子阅读载体、电子书平台商(数字阅读应用App)。从图3.3的数据显示,我们可以一窥数字阅读终端常用的载体状况。

[①] 詹宏志. 詹宏志谈数字出版:纸本变电子书是很小的事[J]. 书香两岸,2010(20):106-110.

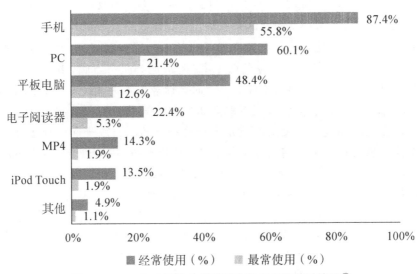

图 3.3 2013 年中国数字阅读用户数字终端使用情况①

智能手机是所有阅读载具的首选,随着智能手机屏幕制作与设计日趋增大的趋势,也越来越符合读者的阅读需求,成为最为便利与常用的阅读载体。PC 端则位居第二,60% 的人经常使用。第三则为平板电脑,平板电脑与阅读内容的结合也日趋紧密。第四则为电子阅读器,经常使用率仅占 22.4%,表现不甚理想。在台湾,投资电子阅读器的厂商包括英业达、振曜、柏霖、台达电、华硕等;组装方面,则有鸿海、广达、仁宝、佳世达、和硕、永硕、英华达、振曜、台达电。② 然而,由于内容无法给予相对应符合读者的阅读需求,即便有大集团厂商投入硬件阅读器的投资,在台湾仍旧尚未形成成熟的市场规模。在中国大陆,投入电子书阅读器业者包括津科、成都宜锐 STAReBOOK、中国汉王等等。在政策支持下,2009 年中国汉王约占全球电子书阅读器市场占有率将达到 10%,成为全球第 3 大品牌,仅次 Amazon 及 SONY。此外,还有以网络原创文学起家的盛大文学推出的 Bambook 阅读器,其标榜拥有盛大原创文学的海量内容搭配,并以礼品形式推出。然而,此模式依旧没有形成成熟的市场规模。另外,以网络书城起家的当当亦推出了"都看"阅读器,此阅读器也没有形成成熟的商业市场。(总而言之,现今电子阅读器虽为中文出版场域的新行动者,却没有像 Kindle 在西方市场一样形成一股成熟的商业模式与数字化阅读的效应)上述许多电子阅读器并没有形成成熟的需求市场而被迫淘汰。

---

① 艾瑞咨询.2014 年中国数字阅读用户行为研究报告简版. http://report.iresearch.cn/uploadfiles/reports/635399992163906250.pdf(2015 年 8 月 1 日访问).

② 理财网-财金知识库.电子阅读器. http://www.moneydj.com/KMDJ/Wiki/wikiViewer.aspx?keyid=b65b06d0-2c75-4273-942f-0734925d3a41(2015 年 8 月 1 日访问).

在中国大陆,最为成功的数字阅读商业模式即为网络原创文学,如图 3.4 及图 3.5 所示,网络原创文学在 2015 年第一季已达 70 亿元的市场规模及 3.5 亿人的用户规模,属于中国大陆在数字阅读中营收最高与阅读用户最多的模式。网络原创文学属于数字时代下进入出版场域的强势新行动者。

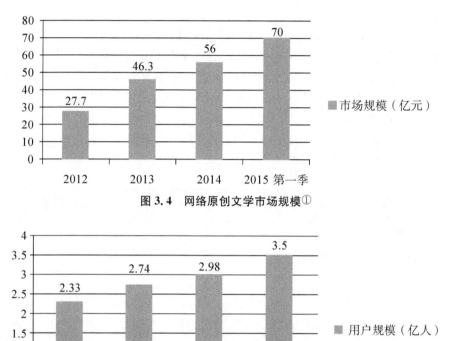

图 3.4　网络原创文学市场规模①

图 3.5　网络原创文学用户规模②

在中国大陆,数字阅读表现最突出的莫过于寄托于网络原创文学内容与移动运营商平台的营收,根据许挺总监在访谈中提道:

> 现在大陆这块的数字出版领域,大概有 50%～60%的占比主要是集中在中国移动的"和阅读"这个平台,因为这个平台包括现在的阅文集团,

---

① 速途研究院.2015 年 Q1 中国网络原创文学报告.http://www.sootoo.com/content/651132.shtml (2015 年 8 月 1 访问).

② 速途研究院.2015 年 Q1 中国网络原创文学报告.http://www.sootoo.com/content/651132.shtml (2015 年 8 月 1 访问).

以前盛大文学是占中国的数字出版领域板块最大的,可能占到百分之五六十,被腾讯收购之后,可能要占到百分之七八十,还有百度文学、中文在线,还有像掌阅,以及其他的塔读等,百度也在渗透这一块,所以现在大家对这块的争夺比较激烈。①

网络原创文学在中国大陆属于数字阅读最具成熟市场规模的一种模式,因此以网络原创文学的阅读平台与应用最可以看各家数字阅读平台与应用在市场的表现。如图3.6所示,数字阅读最常使用的阅读应用平台为掌阅,其在2015年第一季即累计将近4亿次使用量;其次,为腾讯旗下掌握大量用户并在近期收购盛大文学海量内容的QQ阅读,累计将近2.4亿次使用量。其余平台的使用量则不到这两个平台的一半。然而,目前这些阅读应用平台仍尚不如中国移动的"和阅读"平台已形成成熟的数字商业模式。

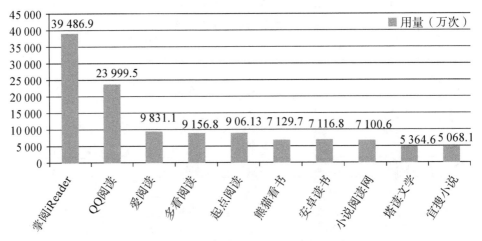

图3.6　2015年第一季网络原创文学十大主流App阅读应用②

在台湾,读者的阅读偏好为翻译小说,然而,根据本研究与赵政岷总经理的访谈内容可得知翻译版权对于台湾出版社是一笔为数不小的成本负担,其提道:

> 国外的书,他们其实已经越来越重视大陆市场,越来越不重视台湾市场,以前我们拿书中文版权是直接拿,这已经是十几年前的事情了。现在大家知道,繁体版跟简体版是分开授权,而且他们主要看重简体版,他们

---

① 根据本研究与人民出版社大众图书部策划总监许挺访谈内容,2015年5月29日,本研究者记录。
② 速途研究院. 2015年第一季中国网络原创文学报告. http://www.sootoo.com/content/651132.shtml (2015年8月1日访问)。

不看重繁体版,很多时候如果以人口数和市场规模来看,其实台湾的繁体版预付版税都偏高。①

台湾购买翻译版权的成本相对简体市场来得高(从市场角度看),且实体版权与数字版权又是不同的版权费用。台湾在市场的局限下,许多出版社不会贸然购买翻译书的数字版权,这也导致在数字阅读平台上的内容提供无法满足读者的需求,此为数字阅读平台在台湾发展有限的因素之一。因而,数字阅读平台虽为中文出版场域的新行动者,却尚未具有强势影响力。

3.2 数字时代下出版行动者的商业模式划分

上节梳理完数字时代下出版场域结构变迁与行动者势力更迭,本节进一步针对出版者进行模式划分。本研究引用克里斯坦森的颠覆性创新理论作为出版者模式划分的依据。然而,颠覆性创新理论是用于解释数字科技进入后对制造业、航空与教育业的模式影响,因此本研究在其理论基础下重新定义与修正,使其适用数字时代下的出版产业。将"维持性创新"修正为"**高门槛维持者**",因传统大型出版业者在多年资源积累下带来的高门槛优势,而能在资源丰厚的基础下朝维持性定位

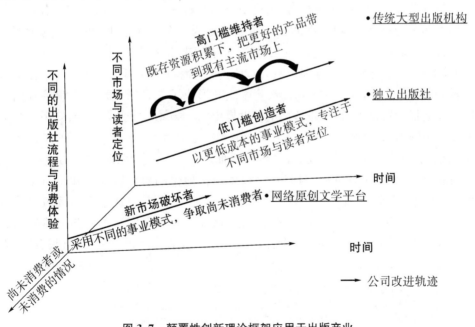

图 3.7　颠覆性创新理论框架应用于出版产业

---

① 2015 年 7 月 20 日,本研究者对时报文化出版企业股份有限公司总经理赵政岷的访谈记录。

发展。低阶市场的破坏性创新,修正为"**低门槛创造者**",其修正原因在于独立出版物并非低阶,而是相对于大型出版业者进入门槛低、运作成本低,但成功的独立出版者相对于大型出版机构更需创造力,因其弹性化的组织运作而更能打造出独立于市场主流的独特吸引力作品。再者,本研究将"创造新市场的破坏性创新"修正为"**新市场破坏者**",其原因为网络原创文学锁定于不同于前两者的读者群,创造了不一样的新市场阅读需求与体验,并破坏了原本的出版流程。

3.2.1　高门槛维持者:传统大型出版机构

出版(publish)这个字出现于 14 世纪前期,早期的意义是公开、公布、公之于世,相关的字源来自公众(public)。[①] 而出版的拉丁文字源 Publicare 是指"任凭他人处置"。[②] 1450 年,金属活字印刷在德国问世,纸张时代的来临宣告了羊皮纸时代的结束。早期印刷与出版书商的角色是合并在一起的,印刷商人拥有书籍销售店面和代理商,但到了 15 世纪末期,欧洲许多规模与势力庞大的印刷业者,被日益复杂的业务所困扰,不得不把产品零售职权移交出去,到了 19 世纪初,拿破仑时期宪法裁定所有出版物一概由书商与印刷商两者以外的第三者——出版人负责,这也是现代所谓的发行人。然而,在此之前其实出版商已存在了半个世纪之久,这种业务承包人创设了出版社,把书商的功能缩挤为专事买卖,把印刷业者的职能降格为专门技术事业,他(出版发行者)则居中协调书籍的生产与供需,并与作者及其他各类承办商洽谈,将各项孤立的发行事务统筹为一个整体企业策略。[③] 这种资本主义式经营取代了手工业经营,而出版这个字用来指称"制作书籍,并且发行到市面上,卖给一般大众"的一连串过程,这个行业从编辑、印刷到(公开)发行,让大众读者知悉,是全套的,缺一不可。[④] 上述流变形成了今日纸质媒体出版模式的雏形。以纸张为媒介的出版形式,预示着世界史上一场最为伟大的社会、知识革命的来临。印刷术的出现使得现今的出版产业模式孕育而生,相较于手写的羊皮纸书卷,纸质印刷品的价格相对低廉,书籍实现批量生产后,使得书籍丧失了其独一无二的品质,成为可即时更换的物品,书籍由财富地位的象征转变为知识财富的体现。[⑤] 印刷术与纸张的结合使得"书籍"成为一种"商品",也让数百名读者可同时拥有同一部作品的副本,书籍内容成为公有领域,并重新定义了人与书籍间的关系。这当中有三个角色,第一是作者,第二是大众,第三个角色——"出版者"建立

---

① 陈颖青.老猫学出版[M].台北:时报出版社,2007:13.
② [法]罗伯特・埃斯卡皮.文学社会学[M].叶淑燕,译.台北:远流出版社,1991:71.
③ [法]罗伯特・埃斯卡皮.文学社会学[M].叶淑燕,译.台北:远流出版社,1991:75-76.
④ 陈颖青.老猫学出版[M].台北:时报出版社,2007:13-14.
⑤ [新]史蒂文・罗杰・费希尔.阅读的历史[M].李瑞林,贺莺,杨晓华,译.北京:商务印书馆,2011:190.

起作者与大众之间的关系,是一个从私人到公众的转变过程,作者出版之前的作品称为文稿,作者可以任意修改,经过出版之后,作品就像无法改变的事实,交由公众评论。① 上述这种倚赖纸张为媒介、复制印刷术为批量化生产方式、出版者为策划主导的出版形式,属于纸媒时代的唯一核心的出版模式,亦为纸媒时代读者取得知识和资讯的主要方式。在数字科技与网络的发展下,这类出版模式的行动者被称为"传统出版业者",而在本研究出版模式被划分为高门槛维持者。

本研究之所以将其归纳为高门槛维持者在于,此类出版者在出版界经营多年并累积各项资源而形成高门槛。此模式距离古登堡发明印刷术到今日,已是发展了六个世纪后的成熟模式,其经营目标无非是将更好的出版物带到出版市场上。"书籍"这项商品的阅读体验功能与质感在印刷技术与设计美感的精进下大幅提升,加上阅读品项与多元题材亦已超越多数读者的阅读量与需求。根据统计,在中文简体出版代表的中国大陆,2013 年的公开数据显示该年度全国共出版图书总数为 414 005 种,出版社共 1 160 家(不含民营图书公司)。② 而在繁体出版代表的台湾,从 2012—2014 年三年来的年平均新图书总数为 42 007 种,申请 ISBN 作者(出版机构)数达 5 096 位(家)。③ 中国大陆人口约 13 亿,而台湾人口则为 2 300 万,若扣掉非阅读人口(文盲、小孩、无可支配收入者、可支配收入有限者、不看书者),真正的阅读人口会比这些人口总数还要低许多。从代表简体与繁体两地中文出版市场的惊人出版量与出版单位可以说明,中文读者对于此模式下所生产的出版物阅读体验与需求已达到满足或过度满足,出版物数量已发展到"选择过度"的阶段,出版者仅能在其多年资本累积下,继续推出更好的出版物吸引消费者,并走向维持性的道路上。

科学与技术的进步,促进印刷、设计与装帧日渐完善,欧美书籍单价普遍较中文书籍来得高,相对品质亦较高。而中文出版地区,台湾的书籍印刷、装帧与内容在中文地区向来有着高质量的定位。中国大陆书籍定价相对低廉,早期有印刷与装帧品质的问题,但近年品质亦普遍达到顾客满意的地步,在消费市场的人口红利的支持下,因而书籍的制作成本相对能提高,且大陆书籍制作费用较台湾低廉,因而品质已赶上甚至超越台湾的书籍,并已发展到价格与质量皆能取得读者满意的阶段。不论西方或东方,传统书籍出版社若从提供"阅读体验"的功能面向来看,其发展 500 多年来的技术功能与外观皆已达顾客满足甚至是过度满足的标准,在出

---

① 林立恒. 台湾大型出版社之数字出版策略与发展模式[D]. 台北:台湾政治大学,2012.
② 国家新闻出版广电总局. 2012 年全国新闻出版业基本情况. http://www.gapp.gov.cn/govpublic/80/684.shtml(2015 年 8 月 3 日访问).
③ 2014 年台湾图书出版现况及其趋势分析. https://www.ncl.edu.tw/publicData513015111671.pdf(2015 年 8 月 3 日访问).

版物选题的多元竞争与长年积累下,此模式的选题内容亦达到超过消费者能吸收含量的过度满足阶段。因而,在整体出版场域中本研究将传统大型出版机构模式划分为"高门槛维持者",即是将"更好的产品"带到现有市场上。

3.2.2 低门槛创造者:独立出版者

网络与数字科技的进步所带来的改变与影响不仅仅是我们接收信息的方式,甚至是信息的制作及传播方式。出版产业身为媒体的始祖,已有五百多年的历史,其制作流程一直依循传统产业链模式运行,出版权亦总是掌握在大型出版机构之下。出版,只有在规模经济下才有发展的可能性,而出版物的后续营销亦得仰赖大型出版社的资源才得以实践。网络科技的来临,社会进入了全媒体时代,甚至是自媒体的时代。由于网络与数字技术的出现,出版的流程相对过去变得简易与低价,书籍从以往匮乏的商品成为盛产的商品。数字科技造就了数字印刷与按需印刷的发展,实现了少量出版的可能性。过去出版后的营销亦得依赖大规模的经济资源。然而,网络的发明让营销工具成为免费。上述科技的发明与演进,造就了脱离大型出版社掌控的独立出版者与工作室的发展,并在网络与科技的助力下被看见。

克里斯坦森对低阶市场创新的分类指出,一种瞄准主要顾客的专业化公司,并取代过去整合型公司,让不同类型的供给者能生产出足以符合区隔客群最低要求的产品。此类企业采用更低廉成本的生产流程与营利事业模式。而在出版产业中符合上述定义的出版模式即为独立出版者。这类型的出版模式采用不同于大型、整合、阶层化的传统大型出版机构的营利模式与流程,独立出版以社长、发行人或总编辑为主要运作核心,微型规模为运作方式,采取较为低廉的成本,生产出具有针对性且小众市场的书籍,以补足大型出版社强调出版大众化及畅销书籍的市场空缺。而这类型出版模式的诞生即是建构在出版者对某一小众或特定专精领域出版物的执着,以出版业务外包形式为运作实践,并寄托于网络免费的营销工具下所孕育而生。

独立出版指的是出版者脱离传统大型出版机构所设下的出版门槛限制,以微型规模与低成本运作达到出版传播目的。尼可拉斯·拉维尔(Nicholas Lovell)曾提出,大众市场无法再垄断创造庞大的商机,并提出别再执着于大众市场,要想办法让小众花大钱,不要再找寻最大的群众,而要挖掘支持你的超级粉丝,利用网络的廉价营销,开始与粉丝建立联系,然后制造他们会花大钱购买的产品、服务与艺文创作。① 上述所谓瞄准小众读者(如文青)比起大众更热爱书与阅读的目标市场,即是独立出版者当今能持续生存的因素之一。

---

① [英]尼可拉斯·拉维尔.靠10%顾客赚翻天的曲线法则[M].萧美惠,吴慧珍,译.台北:商周出版社,2014:18-31.

3.2.3 新市场破坏者：网络原创文学平台

在书写科技史的发展过程中，每个新阶段的出现总是放宽了作者的门槛，数字爆炸显然更将作者俱乐部的大门对所有人敞开——至少是所有的计算机用户。在网络上，所有人都可以是作者，任何一字一句也都可以是出版物。① 上述即为网络原创文学的运作背景。

克里斯·安德森（Chris Anderson）提出长尾理论，②并认为三大力量形成长尾。其中第一大力量：生产工具大众化，这概念则可说明在虚拟空间中，出版原创开发的运作与传统出版媒体的差异性。安德森提到，电脑把从印刷到电影、音乐的制作工具交到每个人手中。几年前只有专业人士才能做的事，现在人人都能做。电脑的这种力量使得"生产者"的数目膨胀千倍。生产的人才虽非俯拾皆是，却比以前更普遍。只要让足够多的人有创作工具，好的作品自然会出现。③ 依循生产工具大众化这样的概念，我们可以理解：现今，写作这项原创的权力不再仅属少数作家，而是人人都可以贡献一己思想与才华的活动。在印刷出版时代，出版的其中一个环节——印刷进行大量的文本复制，而这样的一个复制动作意味着投入大量成本的必要性，且一经复制即难以再修改。因而，书籍必须在所有条件完成前一再地经过校稿及确认，才得以出版。也因此，作家必须以十分严谨的态度来面对创作这一环节。在网络出版的概念下，由于修改、复制与传播的成本降低，创作不再如同印刷时代般地要求完美，创作也并非一切出版流程的开端。阅读，也不再是出版产业中最后一个环节，读者可以在作品尚未完成就拜读作者的文章。以网络原创文学而言，作家可以创作到一半就将作品发布于网络，且创作亦并非专属单一作者，亦可是多人参与讨论的。随着作者与读者的界线逐渐模糊，创作与阅读的界线也慢慢消失。作者与读者的界线消融，使得出版物内容更符合读者的品位需求。如果是连载型小说，读者的回应则可作为接下来的篇章发展的建议。

克雷·薛基（Clay Shirky）提到，过去出版掌握在大型出版社的手里，若是没有名气的作家，想出版作品则是一种遥不可及的妄想。然而，薛基以许多新手作者为例，说明个人出版时代的来临。在个人出版时代中，只要在计算机银幕前按下代表"出版"的"送出"按钮，即将自己的作品公之于世。④ 这样的动作等于是将个人作品昭告天下，这也是出版产业几百年来不变的功能。这也意味着，在网络空间中，不必再通过大型出版社出版，只要拥有网络、一部计算机以及能发表文章的平台，

---

① ［美］巴伦.今昔之笔：从铅笔到像素［M］.陈信宏，译.台北：猫头鹰出版社，2011：225.
② 长尾理论：数字技术发展下，商业和文化的未来不在于传统需求曲线上那个代表"畅销商品"（hits）的头部；而是那条代表"冷门商品"（misses）经常为人遗忘的长尾.
③ ［美］克里斯·安德森.长尾理论［M］.黄秀媛，译.台北：天下文化出版社，2009：72.
④ ［美］克雷·薛基.下班时间扭转未来［M］.吴国卿，译.台北：行人文化实验室，2011：64.

按下确定送出的按钮,就完成该文章的出版动作。在网络社交媒体的发展下,个人通讯和出版两者之间界线已逐渐模糊。它也打破了以往在出版之前会由专业人士筛选出版作品好坏的模式,现在这样的过滤筛选愈来愈有由社会大众进行之趋势,而且是在作品发表之后才发生的。① 不可否认的是,现今出版大规模的业余化使得筛选业余化成为必然。在网络原创文学平台的发展下,使得先出版后筛选成为可能性。

在收音机与电视普及的年代,媒体的正常运作模式是由一小群专业人士,将创作出来的作品传播给一大群消费者。我们喜欢消费媒体,但我们也喜欢媒体支持制作、分享,这些能力在以消费为主的世纪之后重新出现。② 在传统出版时代,由于工具与空间的限制,人们对于媒体内容仅停留于被动性选择的消费层面。然而,在网络及信息科技发达的时代,我们发现到,人们喜欢分享更胜于消费,人们喜欢制作更胜于分享。我们的社交工具移除了公开表达意见的原有障碍,也打破了大众媒体的高进入门槛。其结果就是以往媒体专业人士所专有的权力现在已经交到了业余群众的手上。③ 网络原创文学平台即是打破过去作品问世必须经过出版社的壁垒,此外,网络原创文学出版创作者多数亦为业余者。网络原创文学平台陈总监在访谈中提道:

> 网文是这样的,每个平台都会有作者去投稿。因为有网文这个成功的模式,而且它现在已经形成了一个产业,然后这个产业其实对于普通的人来说是成本最低的一种创业方式。你只需要有一台电脑,有一根网线就可以创业,你就可能成为比如说身价上十亿的这种最顶尖的作家。相当于你投入的就是你的时间,你不需要任何的其他的经费去投入,所以说这种产业对于一个稍微有一点文学功底的人来说是很有诱惑性的,所以会有越来越多的人加入这个网络原创文学创作的群体当中。④

从上述访谈中可以得知,网络原创文学的创作者并非经过专业创作训练的作者。这些业余的创作者只需要一部电脑加上网络即可在网上创作,通过网络原创文学平台与移动运营商的传播力让作品直接与读者对接,是一种最低成本与最低风险的创业方式。事实上,许多网络原创文学的创作者白天有正职工作,下班后再进行创作,是一种兼职性工作。

---

① [美]克雷·薛基. 乡民都来了:网络群众的组织力量[M]. 李宇美,译. 台北:猫头鹰出版社,2011:81.
② [美]克雷·薛基. 乡民都来了:网络群众的组织力量[M]. 李宇美,译. 台北:猫头鹰出版社,2011:99.
③ [美]克雷·薛基. 乡民都来了:网络群众的组织力量[M]. 李宇美,译. 台北:猫头鹰出版社,2011:59.
④ 2014年12月16日,本研究者对阅文集团文学网站陈总监的访谈记录。

此外，寄托于网络原创文学平台的出版方式亦符合克里斯坦森对于创造新市场创新的定义，即当消费者缺乏能力、财富或渠道而无法便利、轻松地自行完成的事，并帮助消费者更便利地做他们已经试图尝试在做却无法完成的事，进而争取尚未消费者。网络原创文学即是建构在以大型网络公司平台为载体的出版物。在网络时代以前，读者必须仰赖盗版或租书店这种不便利的方式取得小说阅读的娱乐。而在网络原创文学企业化与产业化经营以前，读者更是得以相当不便利且无保障的方式取得线上小说阅读的权利，如对不知名的小型小说网站进行阅读付费。网络原创文学在盛大集团收购下进行了产业化的发展，想成为新手的作家能以更简便的方式实现出版的愿望，而读者通过智能手机、阅读器，并搭配新兴的网上支付方式，使小说付费阅读更加便利。网络原创文学从生产制作端到消费端的转变即是符合创造新市场的破坏性创新概念。

3.3 小结：出版行动者规模的 M 型化结构趋势

通过克里斯坦森的"颠覆性创新理论"，本研究将出版行动者划分为高门槛维持者、低门槛创造者以及新市场破坏者三类。如图 3.8 所示，就规模而言，此三类出版模式可被划分为两种规模，即大型综合集团式规模，另一类则为有特色性的微型组织形态。

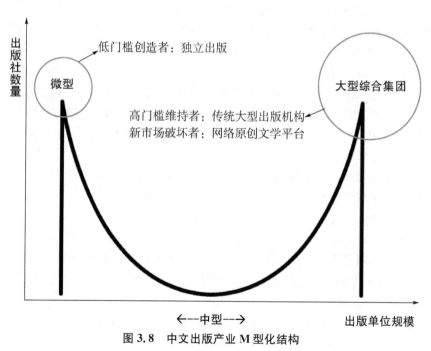

图 3.8 中文出版产业 M 型化结构

时报文化出版赵政岷总经理在访谈中针对出版产业结构议题时提道:

> 我认为台湾出版社未来会走向两极化,大的很大,小的很小,中间不好活。我们没有理由往小的走,所以我们只好往大了走,所以继续扩充,从去年开始我们继续扩充,扩充品项,扩充人员,扩充出版量,是基于这样的理由。①

在台湾,排名前三的出版社多属于大型综合类出版社,这类出版社多半成立时间较长,因而不论在读者群或是出版圈皆建立了具影响力的品牌形象,即象征资本。这类出版社因经营时间历程较长,相对也拥有较多数同业者更多的资本积累,不论是人力资本、经济资本、社会资本,或是具畅销知名度的智慧财产资本,也因为这些资本的积累才为大型综合类象征资本的发展奠定了基础。在中国大陆,秦青编辑在访谈中提道:

> 从前些年开始国内的整个出版业呈现了集团化的趋势,就是每个省会结合它的出版社形成一个大的出版集团。②

由上述访谈可见,中国大陆的出版产业结构亦走向集团化发展趋势。因此,出版社以集团化的方式结盟,一方面可以壮大在产业界中的声势,另一方面可以共享彼此的资源,即本研究所谓的各项资本(文化、象征、经济、社会、人力等),呈现一种资源互通的状态。当资源互通与积累后,便能拥有更强势的象征资本,借此也可以吸引更多的资源进入,这也是现今在出版产业中集团化发展成为一种潮流的因素。出版业向来被认为是一个进入门槛较低的产业,然而在这个畅销物越来越难打造的时代,要在市场上生存,集中资源并以集团的方式做专业化运作与出版是一种生存的策略。

M型中集团化运作的经营方式除了在传统大型出版机构与图书公司外,在网络与数字时代亦影响着网络出版的公司。以本研究的行动者模式分类即为网络原创文学。网络原创文学最开始起源于各个网络原创文学小网站,每个网站皆有其标榜强项的小说类型。随着网络原创文学的兴盛,得到了大型网络集团公司的关注。盛大文学则是第一波网络原创文学的整合者,2008年盛大收购了当时包括起点中文网、红袖添香网、小说阅读网、榕树下、言情小说吧、潇湘书院六大原创文学

---

① 2015年7月20日,本研究者对时报文化出版企业股份有限公司赵政岷总经理的访谈记录。
② 2015年8月21日,本研究者对中南博集天卷文化传媒有限公司数字媒体事业部秦青策划编辑的访谈记录.

网站，占整个网络原创文学市场 72% 的市场份额。这一波收购将网络原创文学从小网站带向集团化经营。除了盛大文学外，百度、腾讯等大型公司纷纷加入网络原创文学战场，将原先业余创作的网络原创文学网站带向商业化、集团化的商业操作。

集团化发展是出版产业结构的 M 型化大规模发展的一端，M 型化的另一端则是微型出版。南方家园出版社发行人刘子华女士在访谈中提道：

> 随着阅读人口的流失、出版量缩减、员工渐少，台湾现在中型出版会越来越少。多数出版社都是从小出版社慢慢地做到大。然而，过去的环境可能出到一本、两本书就会遇到一些畅销书，出版规模就很容易慢慢地扩大。可是现在很难有相同的环境与情况，所以现在就变成，中型出版社的生存空间被挤压。因此，出版社要不就是往财团化、集团化经营，不然就是往小型出版社走，因为小型出版的入门的门槛相对较低，小型出版社负担的压力也会比较小。①

由于上述市场现况使得出版产业结构形成集团化与微型化两个极端。集团化经营与大型出版社大多都是历经长年积累的成就。作者、作品、人才、人脉、资金、品牌、版权、营销通路等资源都因为出版社不断持续的努力累积，最后其实成就的就是一个品牌。② 品牌即本研究的象征资本之一。然而，上述是大型出版社的集团化耕耘方式。

这几年出版市场越来越不景气，市场销售日益下滑，所以中型出版社很难生存。要么是很大的集团、出版社，很有钱，可以做很多事；如果不想在大集团，就得自己出来开出版社，可是自己开出版社又很难维持一个中型规模，因为开销太大，所以大家（出版社）就越来越小，因而出现了一两人出来开一间出版社。③ 微型出版社，尤其是成立时间较短的出版社相对于大出版机构所拥有的资源与资本来得有限，其经营必须与大出版社走出不同的路径。因此，跳脱大众市场显示其独特性变成微型出版社被认识的必要方式。作为微型出版社代表之一的一人出版社发行人刘霁在访谈中提道：

> 出版产业，其实跟所有的产业都一样，要么集团化越来越大，要么就

---

① 2015 年 8 月 6 日，本研究者对南方家园出版社刘子华发行人的访谈记录.
② 2015 年 8 月 19 日，本研究者对远流出版事业股份有限公司李传明总经理的访谈记录.
③ 何志伟. 以出版，重返一个美好年代——逗点文创×一人出版×南方家园的"午夜巴黎"出版计划[J]. 书香两岸，2014(70)：10-26.

是越来越小,微型化,就变成 M 型社会,中间的会很难生存。相对于集团化,小的出版社要打出自己的名号,独立出版是很有力量的手法。①

独立出版在台湾几乎成为当今微型出版的代称与口号。标榜不崇尚主流,以独立的精神出书、做书,跳脱制式化、集团化经营的模式,丰富出版物的种类。此类出版则属于 M 型化结构的另一端,也正因网络与社群化时代的引领下让这些微型出版社被读者关注到并与读者交流。

目前中文出版结构则划分为三类行动者、两种规模。低门槛创造者的独立出版者,以针对小众化的市场及特色出版物项为目标,其规模多为小于 5 人的微型组织,低门槛创造者落于 M 型化结构下特色化运作的微型规模端。另一端综合、集团式的大型规模,采用的则为传统出版高门槛维持者模式,以及网络原创文学的新市场破坏者模式。高门槛维持者需依赖长久积累的庞大组织及资源,投入更多资金、资源针对出版物进行不断向上加值的生产。高门槛维持者顾名思义即是走向出版更好的产品的维持性道路上,而走在维持向上的路上则必须不断地壮大组织规模、强化资源,进而树立高门槛。第二类集团式的大型规模则属新市场破坏者的网络原创文学模式,握有海量优质作品、作家的盛大文学,与掌握渠道、顾客的腾讯文学结合成为阅文集团,成为中国大陆网络原创文学市场中的垄断角色,新市场破坏者的网络原创文学亦属于集团化、大型组织化发展的规模形态。

---

① 2015 年 8 月 6 日,本研究者对一人出版社刘霁发行人的访谈记录.

第四章　高门槛维持者:传统大型出版机构的资本运作逻辑

　　传统出版依赖纸张为媒介、以批量化复制印刷术为生产方式、以出版社为策划主导的出版形式从古登堡时代一直维持到今日,成为主流的出版模式。面临数字化浪潮,维持生存并因应时代做创新成为传统出版业最重要的课题,也是高门槛维持出版者运作的核心关键所在。

　　在中国大陆,传统出版业在市场与政策等因素的影响下,而有了不同体制与运作方式。第一类为国有出版社,截至 2012 年底此类出版社共 580 家。① 20 世纪 80 年代,图书出版业开始转型,计划经济体制下以"编、印、发"为基本环节的图书出版业在市场化进程中活力不足。在这种产业转型背景下,民营图书出版业出现并首先进入图书发行环节,20 世纪 90 年代开始活跃于发行环节的一些民营书商适时渗透到出版产业链的上游环节。② 在上述发展背景下形成了第二类更了解阅读市场需求与更具选题策划能力的民营图书公司,此类单位属于十八届三中全会决议——《中共中央关于全面深化改革若干重大问题的决定》中的非公有制文化企业,即非国有出版社的出版业务公司。两者最大的差异在于前者拥有出版权——书号,但后者不具正式出版资格,亦即没有国家给予书号的民营出版单位,可以是一个图书编辑工作室,或是一个图书公司,甚至是一个文化集团。目前发展较为成功的知名大型民营图书公司,如博集天卷、磨铁、新经典、读客、果麦等大型民营图书公司。在台湾,传统出版社皆为市场化的民营企业,它们彼此间仅有规模、成立时间与专长出版物项的差异。本研究所定义的高门槛维持者即为规模大、成立时间长的传统大型出版机构。

4.1　稿源面的资本运作逻辑

4.1.1　象征资本:吸引优质作者的品牌效益

　　从两岸众多中小微型的出版单位的数量显示,出版业相对于其他类型文化产

---

① 国家新闻出版广电总局.2012 年全国新闻出版业基本情况.http://www.gapp.gov.cn/govpublic/80/684.shtml(2015 年 8 月 3 日访问).
② 耿晓鹏.民营图书文化公司与出版社的合作模式探讨[J].出版广角,2012(10):61-63.

业其实进入门槛并不高。然而,要在出版业中维持生存并持续发展,进而形成一个品牌则为一项高门槛的条件。传统大型出版机构最大优势仍然来自其在出版场域中多年经营所累积的各项资源,这些资源最终会形成一个强势的品牌,即本研究所谓的象征资本。远流出版总经理李传理在访谈中提道:

> 远流出版历史比较悠久、长久,今年已经进入了第四十年。在这么长的发展过程当中一定累积了很多资源,那所有的资源不管是作者、作品、人才、人脉、资金、品牌、版权、营销通路,这些都因为远流这四十年不断持续的努力累积,所以最后其实成就的就是一个品牌。虽然分这么多项资源来谈出版公司的优势资源,但是最后它成就的就是一个品牌,就是远流,所有的资源最后累积出来的优势全部灌输到这个品牌上。①

远流出版李总经理所提及的品牌即为本研究所指的象征资本。由上述访谈可理解到,传统出版单位依赖的象征资本是多年经营与累积的人力资本、经济资本、社会资本、智慧财产资本等各项资源所塑形而成。此类象征资本的塑形需要长年的积累,因此,并非所有出版单位皆能走向这样的道路,具有此类象征资本的出版社,多属经营多年的大型出版机构,进入门槛亦较高。如表 4.1 所示,根据本研究问卷调查显示,集团出版社由于经历长时间的资源积累,因此其品牌影响力显著高于新兴且规模微型的独立出版者($P<0.05$ 达显著差异)。

表 4.1　不同出版类型之"品牌影响力"比较

不同出版类型之"品牌影响力"比较 Tukey HSD				
单位类型(I)	单位类型(J)	均值差(I-J)	标准误	显著性
集团下的出版社	综合型出版社	−1.273	0.668	0.246
	专营某类出版物的出版社	−1.773	1.142	0.420
	独立出版者(微型出版社)	−2.119	0.608	0.008

然而,若一个出版单位能将各项资源积累形成大型品牌的象征资本,其在场域中的各项环节亦会有相对较高的话语权。最明显的优势即是在稿源面的话语权掌握,李传理总经理在访谈中进一步提道:

> 当一位作者选择他的书要给远流出,还是要给另外一家出版社出的时候,他最后决定的因素,当然有很多考虑,比如版税、出版计划,或者是

---

① 2015 年 8 月 19 日,本研究者对远流出版事业股份有限公司李传明总经理的访谈记录。

编辑的配合度。但是他还有一个最重要的因素,同样是品牌,他会希望书是远流出还是其他出版社出,其实作者也很在乎。一本书在远流出版跟在另外一家出版社出版是不一样,其实这个都是一个公司的优势资源,那我把它综合起来讲,这些统统就叫作品牌。它最后整合出来的力量就是品牌的力量。①

此外,关于翻译书的争取则需通过竞标,竞标一方面是看竞价,另外一方面则是看公司的规模和品牌优势。② 以中国大陆中信出版社为例,该出版社以经管类书籍见长,因此该出版社在经管类书籍出版方面累积了品牌象征资本。中信出版集团策划编辑赵辉在访谈中提道:

> 中信出版集团最新出版的基辛格的《世界秩序》,在中国大陆没有进行公开竞价,而是直接在中信出版社出版。原因在于,第一,中信之前做了该作者的《论中国》,卖方(作者方)很满意。第二,卖方(作者方)也了解中信在经管这个领域内的地位,这就是中信出版社的一种优势资源体现。③

以上述中信出版为例,体现了出版社象征资本对于争取知名作者的优势资源。中信出版在中国出版产业中以经管类书籍见长,因此建立了经管类出版的象征资本;其象征资本建立后,则更有话语权争取国外经管类的优质出版物,甚至国外合作方可以放弃获取更多经济资本的"竞价"环节,并直接让拥有更多经管专业象征资本的中信出版社拥有出版权。此外,中信出版社亦为中国出版业界评价中运作较为优质的出版社,是一种整体优良象征资本的保证。

一名作者若在多家出版社洽谈合作下,除了版税的经济资本与出版社企划能力的考量外,出版社的象征资本亦为一项重要的衡量因素。拥有高度象征资本的出版者在争取作者方面更是站在优势的起跑点上。强大品牌象征资本的背后与拥有较多成功先例、知名作者与高经济资本的掌握度等优势资源画上等号,这些优势资源皆为作者在出版时的考量因素。品牌象征资本则是多数传统大型出版机构长年积累下所建立的高门槛。

4.1.2 出版者的社会资本驱动与知名作者人脉的建立

出版者位于场域的中端如同是罗马人的双面神雅努斯(Janus),一面必须争取

---

① 2015年8月19日,本研究者对远流出版事业股份有限公司总经理李传明的访谈记录.
② 2015年8月25日,本研究者对广东永正图书发行有限公司第二编辑部总监葛忠雷的访谈记录.
③ 2015年8月26日,本研究者对中信出版集团经管社策划编辑赵辉的访谈记录.

读者,另一方面更要在稿源面争取知名作者与优质作品。知名作者与优质内容向来是众多出版社的必争对象。曾出版过的丹·布朗(Dan Brown)、村上春树、陈文茜等知名作家与作品的时报出版社赵政岷总经理谈到关于争取知名作者的议题时则认为,每个谈成的合作作者除了企划提案吸引力外,品牌悠久、产销合一(自营总经销)、鼓励多元,以及上市公司的制度化运作是与时报出版社合作的优势,当具体问到与知名作者合作的案例时,赵总经理则提道:

  陈文茜的情况是因为陈文茜是时报出去的,报社跟她本来就蛮熟的,之前的几任总编辑都熟,所以陈文茜目前所有的书都在我们家出,所以我们的关系还维持得不错。范玮琪是因为我们的一个总编辑,那条线的总编辑跟范玮琪是有交情的,因为他其实是跑影视记者出身,所以也不陌生,争取到这本书《熊猫来了》是因为有人脉、人际上的网络。①

此外,中南博集天卷文化传媒公司编辑秦青在关于作者资源的议题中提道:

  果麦许多的作者资源几乎是只跟随路金波(果麦文化传媒公司董事长)走的,像韩寒、冯唐、易中天。这些作者,我觉得这就是跟博集(访谈者的公司)不一样的优势,就是他们有如此强的作者资源。②

由上述访谈内容可以理解到,人脉网络在签约作者时发挥了很大的作用,尤其是社会资本的建立。作者因与编辑的交情而合作出书在出版界中是常例。因此,稿源面的知名作品与作者的资本运作,除了合作企划案、经济资本条件以及出版品牌象征资本等驱动因素外,人脉网络的社会资本驱动更是关键所在。大型出版机构长年经营而积累广大的社会资本,加上内部丰厚的编辑人才所向外发射出的社会资本人脉,因而在出版场域中树立了高门槛。

4.2 制作面的资本运作逻辑

4.2.1 国有出版社与民营图书公司合作出版

  20世纪90年代以后,随着网络的发展消费者的视野逐渐开阔,国有体制下的出版社面临市场敏锐度、内容策划能力与内容丰富度等问题,逐渐无法满足开拓视

---

① 2015年7月20日,本研究者对时报文化出版企业股份有限公司总经理赵政岷的访谈记录。
② 2015年8月21日,本研究者对中南博集天卷文化传媒有限公司数字媒体事业部策划编辑秦青的访谈记录。

野后的读者阅读需求。而民营图书公司在盈利的压力下,相较于国有出版社更懂得市场掌握与内容企划,因而逐渐兴盛。2009年,新闻出版总署颁布《关于进一步推进新闻出版体制改革的指导意见》,非国有出版单位作为新兴出版生产力得到政策的正式认可,并鼓励国有出版企业在确保导向正确和国有资本占主导地位的前提下,与非公有出版单位进行资本、项目等多种方式合作,为非公有出版单位搭建发展平台。双方合作的方式多样而繁杂,大致可以划分为书号合作、资源合作与资本合作三类。

书号合作,即出版社只负责办理书号手续,并开具委印单和发行委托书,民营公司支付出版社书号费,图书的策划、编辑、印刷、发行等环节均由民营公司完成。简单地说,就是除了和书号有关的必要手续外,出版社无实质性作为,没有付出其他成本和工作,但出版社要承担政策风险。书号成为某些国有出版社的政策资本,根据阅文集团文学网站陈总监在访谈中提道:

> ISBN(书号),图书公司是拿不到的。在中国有一种很不健康的方式,因为出版社它是国家体制内的产物,它不切合市场,除了做那些教材教辅类的,或者是那种比如说商务印刷之类的,大多数出版社存在一种现象,就是卖书号。图书公司是企业性的,出版社是国家性的企业,一个是市场制的经济,一个是体制内的经济。体制内的经济,因为它没有那种深层的压力,所以说除了那些做教材教辅必需品外,其他都是属于没有市场压力的。这会导致他们的业务能力越来越弱,他们的策划能力、发行能力比图书公司弱上很多。有些国有出版社不追寻盈利,因为国家每年会投一点钱养活他们,而且他们通过卖书号,比如说国家每年给你这个出版社100个书号,你自己做了20个书号,剩下80个书号卖给其他民营图书公司,每个书号根据出版社的不同均价在两万多,两万多一个,我卖80个书号,那就是160万。其次,图书公司是企业化的,所以说它时刻要想着怎么去结合市场,怎么去盈利,但是它的书号必须是从出版社买。照理说国家是不允许图书公司找出版社拿书号,是希望能通过这种企业刺激国有企业能更加切合市场,现在却变得很糟糕,有买卖书号的情况。①

根据本研究的问卷调查结果如表4.2和表4.3所示,国有出版单位在三审三校与书号管制两个题目中,认为是对其有利的平均数显著高于民营图书单位及独立出版者($P<0.05$达显著差异),尤其是独立出版者,均差值更高达2.687。数据

---

① 2014年12月16日,本研究者对阅文集团文学网站陈总监的访谈记录。

显示三审三校与书号管制政策成为国有出版单位有利的政策资本。另一方面,民营图书单位及独立出版者若希望让其出版物在市面上流通,则必须与国有出版单位合作获取书号,而合作中必须多付一笔合作费用成本或是内容必须经过审校,因此上述两项政策对于民营图书单位及独立出版者来说是不利的。

表 4.2 "三审三校政策"对不同出版类型之影响比较

"三审三校政策"对不同出版类型之影响比较 Tukey HSD				
单位类型(I)	单位类型(J)	均值差(I-J)	标准误	显著性(P)
国有出版单位	国企控股的民营单位	0.437	0.404	0.888
	民营图书单位	0.876	0.278	0.022
	工作室	0.021	0.906	1.000
	独立出版者	2.687	0.561	0.000
	网络原创文学(小说)平台	1.051	0.482	0.250

表 4.3 "书号管制"对不同出版类型之影响比较

"书号管制"对不同出版类型之影响比较 Tukey HSD				
单位类型(I)	单位类型(J)	均值差(I-J)	标准误	显著性(P)
国有出版单位	国企控股的民营单位	0.119	0.430	1.000
	民营图书单位	1.837	0.295	0.000
	工作室	1.431	0.963	0.673
	独立出版者	2.931	0.597	0.000
	网络原创文学(小说)平台	1.704	0.512	0.013

进行书号合作的出版社,多数为自身市场竞争力不强,或经营效益不佳,因属国有出版社而掌握政策资本——书号,以贩售书号的合作方式换取经济资本。然而,品牌好、能力强、效益好的出版社一般是不接受书号合作方式,除非内容企划优质,否则书号合作对于出版社本身而言是一种象征资本的耗损。

所谓资源合作,则是民营公司以内容资源和渠道资源置换出版社的书号资源。民营公司不付书号费,而是向出版社出让渠道和市场,让出版社从发行中赚利润。出版社除书号之外,还承担其他的成本或工作,比如共同投资出版,共分渠道发行等。比起书号合作,在资源合作中,出版社是更具有实质性作为。此模式中因民营图书公司相对了解市场需求,因而付出其人力资本做图书的内容策划以及市场营销,国有出版社则以政策资本——书号为筹码参与合作,以及付出经济资本作为投资。双方负责各自的渠道分发,国企以新华书店渠道为主,民营图书公司则负责民营渠道的疏通。

资本合作模式则是国有出版企业与民营图书公司以资源或现金入股注册合资公司。此种模式的合作已成为趋势,在出版业界越来越多。参与合资的民营图书公司,一般具有一定的规模实力和策划优势,希望寻求更大的发展,其诉求主要为资金与出版权两点。参与合资的出版社(集团)多是希望做强做大规模,晋身百亿,争取上市,通过合资,网罗优秀的民营出版资源,进一步做大业绩,同时也有利于机制创新。[1] 出版产业中有越来越多民营与国有资本合作的趋势,如表 4.4 所示,即为民营与国有出版资本合作较为著名的案例。表 4.4 仅为出版业中的一小部分,民营与国有的资本合作案例仍持续增加中。

表 4.4 民营图书文化公司与国有出版单位资本合作案例[2]

民营图书文化公司	出版社(集团)	合作成立的公司
北京共和联动	江苏凤凰出版集团	北京凤凰联动文化传媒有限公司
北京新经典文化	北京出版集团	十月文化传媒有限责任公司
湖北海豚卡通有限公司	湖北长江出版集团	海豚传媒股份有限公司
志鸿教育集团	山东出版集团	山东出版传媒股份公司
蓝狮子财经出版中心	中信出版社	上海信蓝阅读商业服务公司
金黎组合	湖北长江出版集团	北京长江新世纪文化有限公司
福建华闽公司	当代中国出版社	北京当代华光文化传媒公司
路金波(现为果麦文化传媒有限公司负责人)	北方联合出版集团	辽宁万榕书业发展有限公司
李克	北方联合出版集团	北京智品书业有限责任公司
王迈迈	长江出版传媒集团	湖北尚文出版传媒股份公司
肖川	中南出版传媒集团	长沙潇岳文化传播有限公司
汪俊	中南出版传媒集团	北京涌思图书有限责任公司
汪洋	北京出版社出版集团	阅读天下(北京)文化传播公司
北京博集天卷图书发行有限公司	中南出版传媒集团	中南博集天卷文化传媒公司

关于博集天卷与中南出版传媒集团的合作方式,马占国副总监在访谈中提道:

中南博集天卷文化传媒公司为国有控股的公司,但是它的基因还是

---

[1] 鲍红.竞争与合作——国有出版社与民营出版公司资本合作探析[J].图书发行研究,2010(9):37-40.

[2] 耿晓鹏.民营图书文化公司与出版社的合作模式探讨[J].出版广角,2012(10):61-63.

民营公司的基因。当时跟中南集团谈合作的时候,我们老板当时就与他们达成一个协议就是管理层不变,企业文化不变,经营模式不变。①

从上述的访谈中可理解到,中南博集天卷虽有国有资金的注入,但仍保留民营公司市场化运作机制,如此的运作方式依然能符合市场脉动,贴近市场需求。关于博集天卷与中南出版的合作中所获得的益处,策划编辑秦青则在访谈中提道:

> 现在是集团控股之后,签作者版税和稿费方面可能就是会更大方一些,加上在目前国内出版又是一个特别敏感的行业。你知道就是国内的宣传管控特别特别严格,那他们来了一个"红顶",就是国有控股的这个"红顶",这个"红顶"是保证他们能够顺利运营的一个重要的因素。②

民营图书公司在与国有出版社进行资本合作的优势在于,除了经济资本来源更加丰厚外,另一方面则是政策资本的优势,如上述秦编辑所陈述,是一种国企"红顶"的庇护,以确保公司出版物能更顺畅地在市场上运作。

4.2.2 象征资本与文化资本带动:出版物走向精品化、议题性、限量化

数字化时代带来的是消费者获取知识、资讯,以及娱乐方式的改变。在纸媒时代,书本是完成上述各项消费需求的主要选择。如今,这些消费需求依然存在,读者的阅读时间并没有缩短,但需求满足逐渐地从书本转移到网络、智能手机上。以纸本出版物为主导的传统媒体不再是满足需求的第一选项,这是当今传统出版业者在出版时面临的最大挑战。策划总监许挺在访谈中提道:

> 我个人认为现在的纸质书就是要做精品,因为我们以前出书,是大批量的来出,也就是快销品。我们要把它做成精美的礼品,你要送人,你能送得出去,包括用纸、封面设计、工艺等,都要求做到精美,而且要把定价提上去,我觉得未来纸质图书走的一条路子,像礼品书是比较好走的。而且是大系列的,比如说名家的书,做得如礼盒般精美,送人送的是文化。你如果就是随便拿个普通的书,就算是名家,人家也不会去收藏的,但你送一个礼盒,他虽然不看,但他们一看这个特别精美也会摆在书房里面吧。③

---

① 2015年8月28日,本研究者对中南博集天卷文化传媒公司第二编辑中心副总监马占国的访谈记录.
② 2015年8月19日,本研究者对远流出版事业股份有限公司总经理李传明的访谈记录.
③ 2015年5月29日,本研究者对人民出版社大众图书部策划总监许挺的访谈记录.

纸质书虽未到末日,但不可否认其销量逐年递减,面对如此不可逆的潮流趋势,印刻文学社长初安民在访谈中则回应道:

> 对传统媒体来讲,我们必须要做一种书,就是议题性要够强,读者会跟着议题购买。既然在量里面不能够与数字内容对抗,就必须要认识到传统媒体的小众化特质。小众化有小本的经营模式,数字阅读量虽有庞大的量(点击量/人次),却是很空的数值存在。传统媒体在量方面无足竞争,但是传统媒体的量是具体的,一本卖你10 000元/本,我只有100本,我就卖100万,它就变成了一个稀有产品。所以换句话讲,我们要对传统的出版物增加它的附加值。那你要看内容的话它有内容版,甚至将来会变成电子版,看内容的东西你通过电子书来看,但纸质书本它变成了另一个有附加值的东西,变成稀有产品,这是趋势。不是因为我想做稀有产品,而是说你要走什么样的道路,这个可能是我们未来的生存之道。①

初安民社长上述的观点也正好体现在印刻文学出版歌手陈绮贞的作品《不在他方》一书中。如表4.5所示,该书销售分为一般平装本书籍与限量盒装珍藏组,此书珍藏组贩售价为3 999元新台币(约人民币800元),采取限量预购的方式贩售,在网上一开放即迅速售罄。此书成功的原因在于,首先,邀请知名歌手陈绮贞创作本身就具有议题性,其在乐坛已累积一批死忠的粉丝与知名度,另因其音乐创作、书写、摄影、绘画等多项才华被赋予才女的光环。因而在歌手身份转换为作者时,早已树立作为创作者应有的象征资本,亦不会因作者身为歌手而有文化资本缺失的疑虑。此模式亦将陈绮贞的象征资本的价值发挥到淋漓尽致,以"陈绮贞"作为名号标榜的摄影、手绘、新曲CD作品等配件吸引着大量粉丝。

表4.5 陈绮贞《不在他方》限量盒装珍藏组

产品	简介
	《不在他方》平装本 陈绮贞散文集:收录38篇散文、7封信件、3场对谈、1段问答,以及65张精选摄影作品

---

① 2015年6月12日,本研究者对印刻文学社长初安民的访谈记录。

(续表)

产品	简介
	《不在他方》毛边典藏本 最受藏书家青睐的毛边本,以装订后不切边,保留书籍朴素样貌为特色,象征自然不修饰本色,外以高级瓦楞纸包覆,系上原色和纸限缠绕成结,展现情致独特的装帧艺术
	《偶然与巧合》2014最新单曲EP 陈绮贞第七张单曲:偶然与巧合。2014年11月于台北捷运大安森林公园站同步录音,留下陈绮贞最心爱的城市声响
	陈绮贞设计数字纸相机:相机外壳由陈绮贞设计,500万像素大立光镜头、4种创意特效、全功能一键操作、80 g重,此相机拍出的照片右下方均内含"不在他方"水印
	陈绮贞摄影作品帆布斜背包:严选台湾天然12安纯棉帆布,材质硬件不易褪色变形,人造棉纱做成织带的60 cm肩背、62～118 cm可拆卸背带,开口处四合扣,广富号生产制造
	Cheer万用笔记本:每页均选摘官网小黑板留言与歌词,内页为80 lb米道林纸,封面250 lb进口高级环保粉面彩柔纸,裸背线装装帧,360°完全摊平设计,书写更舒适
	吉他精致便签:依陈绮贞最爱的吉他外形裁制的迷你版红色吉他精致便签,封面为120 lb雪铜纸、内页为80 lb米道林

(续表)

产品	简介
	涂鸦铅笔组：HB原木六角笔杆、三枝一组盒装
	"不在他方"明信片套组：12张明信片，10 cm×15 cm，250 lb进口高级环保粉面彩柔纸
	"声音采集计划"海报：140 lb凝雪映画纸
	藏书票：以陈绮贞亲手绘制的插图雕制印章，手工打印在雪白波丽纸上，制成精美藏书票，每张藏书票标记专属编号，铭记你与陈绮贞的数字密码

好的作品内容仍旧是出版业获利至关重要的卖点。然而，创造作品的议题热度、增添附加价值，以及限量的饥饿营销等都是为了将纸质书添加更多的营销符号价值。尔雅出版社负责人在访谈中提道：

> 往后书店虽然不见了，纸版书却不会消失——大机器印刷图书的时代结束，小额限量印刷图书的年代已经崛起，以后将有数以万计的一书作家，每个人都想写一两本类似自传或回忆的书，你送我、我送你，进入一个彼此送书的年代。专业出版年代凋零，随后小额（三五十本至一两百本）印刷年代兴起，出版事业最后可能会演变成一种介于艺术和兴趣之间的文化游乐事业。①

---

① 2015年11月2日，本研究者对尔雅出版社负责人隐地先生的访谈记录。

当纸质书籍满足消费者的功能逐渐被网上横流的爆炸式讯息所取代,纸质书必须从功能性财货走向象征性财货(symbolic goods)。因此,书籍从快销品走向精品化、限量化是传统出版业面临数字化冲击的一条出路。而传统大型出版者因长年累积的多项资本,更有实力出版精品类图书。

4.3 流通面的资本运作逻辑

出版在经过创作与制作等一连串繁复的流程后,最终还是要让出版物在市场上流通并与读者接触。在这个阶段中,最重要即是在渠道上的曝光度,曝光度除了受作者、作品的质量与知名度等先天的条件影响外,出版单位亦必须在渠道进行各项资本投入以增加出版物在市场上的流通与曝光。

4.3.1 象征资本所带来的渠道端的曝光话语权

书籍的生命周期随着出版量的提升而越来越短,一味地市场跟风导致同质化书籍愈来愈多,争取渠道的有限展示橱窗成为每个出版者所面临的难题之一。渠道商因掌握面向读者的有限橱窗展示权,因而立足于整个出版场域中的上风。出版物的曝光度除了受作者与作品的知名度影响外,亦受出版单位的品牌影响。身为小型出版社的营销主任林婉萍在访谈中亦提到,现在是个"重通路(渠道)"的时代,而通路(渠道)"重大出版社",出版品牌在此环节影响大。① 此外,身为新兴出版社的策划柯总监也提道:

> 书店采购还是会认品牌,这个应该是很多的出版社都讲过,书店采购,他们还是会对所谓的成立比较久的出版社或者是名声比较大的出版社,或是对已出版过非常特殊书籍的出版社印象比较深刻,认可度也比较高一点。②

在中国大陆,并非所有图书公司皆可全渠道铺书(主渠:新华书店;二渠:民营书店;网络书店渠道),必须有一定的公司规模体量才能全渠道铺书,有些规模较小的公司只能上网店铺书,在主渠道无发行资格。③ 中南博集天卷秦编辑在访谈中提到,由于该公司在青春文学与心理励志两条精准的产品线定位,成功树立品牌路线带来的最大优势还是渠道优势。当渠道认可并愿意卖你的书时,那就更愿意让书在渠道上曝光。由于读者进书店买书是一个比较盲目的状态,很多书可能就是

---

① 2014年10月15日,本研究者对沐风文化出版有限公司营销主任林婉萍的访谈记录.
② 2015年6月30日,本研究者对匠心文创、渠成文化出版策划总监柯延婷的访谈记录.
③ 2015年8月25日,本研究者对广东永正图书发行有限公司第二编辑部葛忠雷总监的访谈记录.

读者随意地到书店看看进而购买,那当我们的这个品牌建立起来之后,渠道曝光意愿提升,并结合书店的营销,此优势是其他无品牌产品线的公司所不可比拟的。①

综合上述各方访谈内容,可以理解到小型或是新兴的出版公司在象征资本的先天劣势下,若无法成功打造出特殊定位或是亮眼的出版成绩,则在渠道端不容易取得认可。另一方面,大型或历程悠久的出版单位因长久积累的品牌效应或是产品线定位而树立了不易超越的象征资本,曝光度因而也相应提升。出版单位的象征资本除了在争取作者端发挥效应外,在渠道端亦扮演着举足轻重的因素。

4.3.2　人力资本与社会资本在渠道端的展示管理与疏通作用

渠道端除了受作者、作品以及出版社品牌等象征资本因素的影响外,人力资本与社会资本亦在此环节发挥作用。人力资本除了投入在编辑、企划与营销环节外,许多销售表现亮眼的出版企业亦投入大量的人力资本在渠道端做疏通与管理。在渠道端的管理方面,新经典文化有限公司副总经理猿渡静子谈道:

> 公司建立之初,我会要求我们的发行人员一定要多下去走,就是一个月的时间希望有20天是在外面走的。我们会要求500平方米以上的书店,发行人员一定要进到书店里面去仔细地看一下我们的书在哪里。②

渠道端投入越多的人力管理,就越能掌握书籍在市场上面对读者的样貌。若仅是将书籍制作、出版后交由经销商统一配销,而无顾虑后端书籍如何展示在消费者面前,再好的书也有可能因为出版社不够用心,或为书店店员的疏忽而失去了被读者发现的机会。本研究访谈到中南博集天卷的同仁,他们一致对于公司的渠道管理优势提出认同。一般公司他们在渠道里面没有专门的理货人员做书籍铺货关注,而且渠道对他们信任度也不够。中南博集天卷的单品销量较高的原因在于渠道工作特别用心。公司老板总结出"渠道下沉,销售前移"的理念,渠道下沉即为工作人员下沉到最基层的书店管理书籍,销售前移亦为同义指的是工作人员前移至产业链中接触读者的最前线。③ 关于中南博集天卷"渠道下沉,销售前移"的具体做法秦编辑提道:

> 公司有接近40个关于销售的同仁,此外,还有接近40个是各地的理货员。比如说我们在厦门就有理货员,他们在厦门外图之类的大书城长

---

① 2015年8月21日,本研究者对中南博集天卷文化传媒公司数字传媒事业部秦青策划编辑的访谈记录.
② 2015年9月1日,本研究者对新经典文化有限公司猿渡静子副总经理的访谈记录.
③ 2015年8月28日,本研究者对中南博集天卷文化传媒公司第二编辑中心马占国副总监的访谈记录.

年上班。我们公司每一本新书到店之后,理货员要看正常到货了没有,到了的话上架是摆在什么位置,有没有摆出来。摆出来之后他用手机拍照,拍照之后发到公司总部,然后第二天则是看前一天的书量销售,总结一下卖了多少,然后跟书店去核对卖多少本,是不是有些书需要进货了。因为大的书城他们有几万,甚至几十万种的品类,他们是不可能每一本书都给你操心到的,自己的孩子由自己看,就是自己有理货员的话,他会盯着这些东西,摆出来然后去销售。①

此外,通过公司理货员跟店面的长期接触保持良好关系,一些促销活动相对其他公司更为好谈。终端做好之后,书相对来说卖得比其他家好,形成了良性的循环,卖得好经销商也会喜欢,经销商订货量也会比较高,到了书店也会比较被重视。② 我们可以将这样的渠道理货员视为公司对于销售端人力资本的投入与社会资本的建立。投入人力资本后,理货员在书店上班,与书店同仁维持良好的关系所建立的社会资本,使得该公司的书籍除了容易取得良好的曝光位置外,更重要的营销活动举办相对容易合作洽谈。此外,如表 4.6 所示,根据本问卷调查结果大型集团出版社在营销预算方面显著高于综合型出版及独立出版者($P<0.05$ 达显著差异),显示集团出版社相对具有经济资本投入流通面的营销活动。

表 4.6 不同出版类型的"营销预算"比较

不同出版类型的"营销预算"比较(Tukey HSD)				
单位类型(I)	单位类型(J)	均值差(I-J)	标准误	显著性(P)
集团下的出版社	综合型出版社	2.566	0.839	0.022
	专营某类出版物的出版社	3.455	1.434	0.096
	独立出版者(微型出版社)	2.685	0.764	0.007

上述所提及的流通端人力资本与营销预算为传统大型出版机构的资源,而微型或是中型出版者因在人力与资金有限的情况下无法采取相同的运作方式。

4.4 小结:高门槛维持者的场域结构与资本流动

根据上面的论述与访谈结果我们可以将传统大型出版机构的资本运作状况绘制成如图 4.1 所示。

---

① 2015 年 8 月 21 日,本研究者对中南博集天卷文化传媒公司数字传媒事业部秦青策划编辑的访谈记录。
② 2015 年 8 月 28 日,本研究者对中南博集天卷文化传媒公司第二编辑中心马占国副总监的访谈记录。

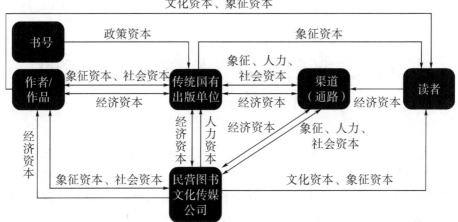

图 4.1　高门槛维持者的场域结构与资本运作逻辑

在稿源方面,作品与作者来源主要因象征资本与社会资本关系建立而成。出版单位与作者间相互衡量彼此的象征资本。除了象征资本的衡量因素外,出版社与作者所建立的人脉关系亦会影响作者在出版社上的选择,如作者与编辑的私交,或是过往合作经验所建立的关系。象征资本与社会资本因传统大型出版者在市场经营多年积累下而较具优势。

在制作方面,就组织合作方面,由于书号因素,民营图书公司必须与国有单位合作。合作方面又分为书号合作、资源合作与资本合作三类。书号合作为部分国有出版社的政策资本筹码,作为换取与民营图书公司的选题策划内容或是书号费用的经济资本,此类合作属于三类中较为表层合作,是不被鼓励的。资源合作则为共同付出双方的优势资源,如国有的书号政策资本、经济资本及国有—渠道发行资源,民营图书公司则投入人力资本,负责擅长的选题策划能力、市场营销能力及"二渠道"民营书店发行资源。在内容制作方面,面临数字化的冲击,传统出版业者认为必须走向精品化、议题性与稀有化,这些概念则将纸质媒体出版物从功能性财货推向高象征性财货定位。

在流通方面,出版单位的象征资本、人力资本,以及出版者与零售书商的社会资本建立则为渠道端的资源。出版单位的品牌象征资本会间接影响其出版物在渠道的曝光度,以及与渠道端合作的谈判筹码。此外,出版单位投入的人力资本程度越高,则越能掌握出版物在零售端的展示成果,加上通过销售端的工作同仁与渠道端所建立人脉关系所构成的社会资本,使书店或网店在洽谈营销活动的配合度与意愿相对提高。此外,大型出版者相对更有经济资本做大型营销活动。

第五章　低门槛创造者：独立出版者的资本运作逻辑

本节将讨论在出版产业中相对于拥有丰厚经济资本的传统大型出版机构，以雇用少数人员，采取更低成本支出，以弹性化的运作方式，强调选题与精神的独立性，开辟不同于大众主流出版模式的独立出版者。在此将独立出版者归纳为低门槛创造者不代表其出版内容的低劣，或是运作方式的次等化。相对而言，独立出版物的选题更具有开创性与独特性，且要在出版场域生存与发展所需耗费的心力并不亚于大型出版机构的工作者。在此提及的低门槛是指，以低成本方式进入出版场域，相对于大型集团化运作的出版机构，属于进入门槛较低的模式。然而，如同颠覆性创新理论的提出者克里斯坦森在书中所说，低门槛创造者发展的终极目标仍是走向或超越维持性创新者，独立出版者亦是如此。两岸的独立出版者对于自己的定位与用词皆有所不同，为避免烦琐，本研究皆以独立出版者称之。

5.1　独立出版的界定与兴起背景

1917年，伦纳德·伍尔夫为了满足妻子弗吉尼·伍尔夫的爱好和需求，创办了霍加斯出版社（Hogarth Press）。他们在伦敦的居所，开始围着打字机，照着手工教材，在餐桌上手工印制了第一件作品——31页的《两个故事》。一开始纯粹是因为爱好，后来却由出版社变成了企业，成为两人的经济来源。后来相继出版了艾略特等人的现代主义文学作品。这或许是大家所认知较早且具体的"独立出版"一例。[①] 因为爱好而从事做书、出版，且不盲从主流市场是所有独立出版者所一致认同的理念。然而，不论在西方或东方，独立出版皆为模糊不清的概念，尤其在中文出版市场，对于独立出版的概念更尚未有一个公认的定义。本小节通过梳理访谈独立出版从业人士对于独立出版概念的观点阐释，试图统整并归纳出独立出版在中文出版市场的概念与定义，以及两岸独立出版的发展历程与差异。

5.1.1　独立出版的界定

诚如上述，独立出版的概念在中文出版体系中仍旧处于模糊不清的状态，本研

---

① 何志伟.私房菜——出版的中国册子[J].书香两岸，2013(51)：20-21.

究欲从内在的精神意义、外在的组织结构以及宏观的整体出版市场三大层面梳理并归纳属于中文独立出版的概念与定义。

从精神层面与特质来说,独立出版为精神上的独立,出版物具有开创性、独特性,能标榜出版者想要传达的精神和意志。[①] 独立出版所策划的书籍内容、方向、品种是路线清楚的,加上主策划者自己的想法,最后会制作出属于自己特色的出版物。[②] 独立出版的选题是主流的大型出版社所没有办法、没有能力做到的,独立出版有这个能力做得到,是因为独立出版有这个心去把它做成,不顾一切把它出版出来,很多书在大型出版社因为市场考量、成本考量是不会出的。[③] 在中国大陆出版市场中,独立出版约定俗成的意义上是被用来笼统地概括不在现今的出版、市场规范下的出版行为。然而,从事独立出版的副本制作负责人冯俊华则认为:

> "独立出版"这一提法并非一种对立关系,比如和体制的对立,和商业的对立。出版为"文化上的游击主义",首先是为了弘扬和传播创造力,是为作者服务的,然后在能力所及的情况下提出和建设自身的文化命题。[④]

本研究认为后者所谓"在能力所及的情况下提出和建设自身的文化命题"即是独立出版物强调独特与开创性文化而不同于大众出版物的核心精神与意义所在。

从组织结构与规模层面来看,相较于现在比较大型的出版社而言属于微型出版形态。逗点文创结社发行人陈夏民在访谈中提道:

> 如果要讨论独立出版的定义,我个人会觉得微型出版是比较合适的。因为有些人会用题材去定义,但是题材这件事情其实大出版社也是可以出很左派的书及开创性的书,所以终究还是要看规模。所以我觉得微型出版是比较可以代表独立出版的状况,因为是微型的组织,所以通常资源也比较少,在没有资源的状况下就得自己去独立运作,去想办法生存。[⑤]

从出版人数规模来看,独立出版者通常员工数较少,一般1~5人,工作的空间也比较小。在资金层面,基本上为小公司规模,资本的部分属于资金较少,并

[①] 何志伟. 以出版,重返一个美好年代——逗点文创×一人出版×南方家园的"午夜巴黎"出版计划[J]. 书香两岸,2014(70):10-26.
[②] 2015年8月6日,本研究者对南方家园出版社发行人刘子华的访谈记录.
[③] 2015年8月5日,本研究者对樱桃园文化出版发行人丘光的访谈记录.
[④] 2015年8月26日,本研究者对副本制作负责人冯俊华的访谈记录.
[⑤] 2015年7月23日,本研究者对逗点文创结社发行人陈夏民的访谈记录.

且不是财团化、制式化的经营方式。① 从出版量上划分,一年内出版书目少于30种的单位属于"小出版",无论国内国外、有无书号皆然。规模小意味着更多主动性,能在一本书上投入更多的时间和创造力,也就更有可能建立起其精神结构。② 而对两岸独立出版有长期观察的《书香两岸》杂志何志伟责任编辑则在访谈中提道:

> 在中国大陆的独立出版运作中,选题是独立的,不会为了迎合市场去做书。独立出版在中国大陆其实想法是很个人化、很异域化的一件事情。然后,规模都比较小,没有一个规模是超过5个人的,运作也是相对灵活的。③

由上述两岸独立出版者或观察者的访谈论述中,其实可以看出中国大陆与中国台湾对于独立出版者在内在精神与外在组织规模是一致的。

从整体出版市场层面而言,独立出版强调的是,完整出版业的市场轮廓,这是独立出版存于出版市场最重要的特征。一人出版社社长刘霁在访谈中对于独立出版的概念提出了以下见解:

> 我认为独立出版就是比较有特色的出版社,比较能够坚持自己的特色,知道自己要做什么书。相对于集团或者综合性出版社,独立出版者不会什么书都做。④

因此,我们可以将独立出版物视为有其特色性。在此"独立"可解读为"选题在市场上的独立、独特性"。樱桃园文化出版发行人丘光在访谈中提道:

> 独立出版的作品在某一个时间完整了台湾出版的轮廓。出版市场看起来是多元,因为独立出版贡献了很多人不敢出、不想出或不会出的书。很多大的出版社也会出一些比较冷僻的书,但占比相对少了,我们(独立出版)的话占比就全都是这些,所以差别还是有的。⑤

---

① 2015年8月6日,本研究者对南方家园出版社发行人刘子华的访谈记录。
② 2015年8月26日,本研究者对副本制作负责人冯俊华的访谈记录。
③ 2015年8月22日,本研究者对《书香两岸》杂志责任编辑何志伟的访谈记录。
④ 2015年8月6日,本研究者对一人出版社社长刘霁的访谈记录。
⑤ 2015年8月5日,本研究者对樱桃园文化出版发行人丘光的访谈记录。

从事独立出版的工作者,想做的书和内容取决于自己的喜好,凌驾于工作和事业之上,是一种对阅读和文字的爱恋,因而其冲劲与行动力较他者大。① 在中国大陆,独立出版者基本上就是属于非常喜欢,甚至热爱出版行业,虽然在出版体制之外但仍然以出版为志业,更多考虑的是出版物的社会价值。② 独立出版者各有各的特色,因而选题相较于市场取向的书籍,比较有创意和爆发力,让整个出版市场有一种新的阅读风貌,而不是集中在某一面向。③ 大型综合类出版社锁定的读者群体为大众主流市场,以打造畅销书为出版目标,而多数中型出版则随着畅销书的潮流做跟风与同质性的主题而生存。因此,出版市场常见的问题即是出版物的同质化与跟风弊端。然而,独立出版者所出版的书籍主题经常不同于主流大众市场,不盲从畅销原则,以发行人或出版者个人的兴趣爱好或是观点作为出版选题的依据。独立出版从业者多半具有鲜明的个性、爱好与观点,因而出版选题通常能跳脱主流市场同质化的窠臼,并因其个人理想从事出版,进而完善出版市场的轮廓,使出版市场百花齐放。

总结上述三个关于独立出版概念的定义,在精神层面,独立出版属于具有自身的文化命题,因而有其市场独特性;在组织规模层面,属于资金较少、组织微型化、小规模化运作,而非财团与制式化的经营方式,故有较高的灵活性,其成本压力也低于大型集团化出版者;在整体出版市场层面,独立出版者则扮演完整出版市场多元性的角色,相对于以追求畅销书市场为目标的大型综合出版社,独立出版者则更多将心思放在独特的选题上,这些选题并不一定皆受大众欢迎,但却有别于大众化、同质化的畅销书籍而更具特色。

5.1.2 独立出版的兴起与发展现况差异

根据本研究的调研考察,两岸在发展独立出版的视角与市场运作有所差异。独立出版在两岸兴起的原因与目前发展的现况皆不尽相同。本节将针对两岸独立出版的兴起因素与发展现况进行梳理,并从出版场域环境与市场化程度进行深度的分析整理。

(1) 独立出版的兴起缘由与差异

中国大陆独立出版的概念最早兴起于20世纪五六十年代的地下出版,在这个时期特别多的地下出版物、诗刊、诗歌与政治议题相关,比方说最出名的北岛的《今天》或是《星火》《非非》等民间诗刊。因而在五六十年代的政治环境其实就可以将

---

① 何志伟. 以出版,重返一个美好年代——逗点文创×一人出版×南方家园的"午夜巴黎"出版计划[J]. 书香两岸,2014(70):10-26.

② 2015年9月1日,本研究者对孔宁独立出版者的访谈记录.

③ 何志伟. 以出版,重返一个美好年代——逗点文创×一人出版×南方家园的"午夜巴黎"出版计划[J]. 书香两岸,2014(70):10-26.

独立出版与地下出版画上等号,定义为非法出版。所以在中国大陆容易先入为主地认为独立出版等于地下出版,因为当时环境没有那么大的包容度,所以出版非黑即白。现在政治环境相对包容度大了,加上现今从事独立出版的内容、主题也与五六十年代聚焦于政治议题的诗刊全然不同,所以有一个灰色地带可以让独立出版执行,只要不被有关部门关注就不是非法出版。① 因此,五六十年代独立出版的发展初期在中国大陆被视为地下出版,是与具有出版资质的国有出版社呈现对立的局面。

然而,现在由于出版政策的开放及市场化强调,出版产业已从过去的国有事业转型为自负盈亏的国有企业,加上政策对于民营文化与传播公司营业登记的认可,许多具市场性的图书公司、工作室登记为文化或传播公司,并与国有出版社合作出版。现今中国大陆独立出版在制度层面则是游移在民营的独立文化传播工作室与地下出版之间的灰色地带。近期独立出版这个名词在中国大陆被提出则是来自于2012 年 7 月(308 期)的《城市画报》与 2013 年 1 月(51 期)《书香两岸》等杂志的访谈报道所给予的一种统称,然而从事独立出版者在报道访谈中则多数认为自己为"私出版"或"小出版"。在中国大陆具代表性与知名度的独立出版者则为本研究论文中所访谈的泼先生、假杂志、副本制作、联邦走马等。此外,本研究亦将坚持内容品位、不追随市场主流的微型出版工作室纳入此领域。

独立出版的形式其实在台湾一直都存在,台湾出版市场规模小,相应台湾小市场规模,台湾出版社的设立也都是微型组织,加上台湾出版风气自由,只要通过申请,一个人也可以成立出版社。根据 2013 年统计,当年台湾申请书号(ISBN)的出版社(者)高达 5 117 家(个)。② 台湾这小小的弹丸之地一年就有 5 117 个出版社(者)申请量可推算,其实多数出版组织为微型组织,只是多数出版者不会以"独立出版"称呼自己。甚至在六七十年代即有尔雅、九歌、洪范、大地、纯文学等五家出版社并称为"五小",以出版纯文学、诗歌等与现今所认定独立出版的规模与精神相符的微型出版社。

在台湾,独立出版一词近年成为一种潮流,主要来自一群微型出版工作者在牯岭街书香创意市集、台北国际书展中的聚合所形成。南方家园刘子华发行人在访谈中提及,独立出版能在台湾形成一股力量有以下几个因素:第一,微型出版者发挥群聚效益,这个群聚效益从牯岭街书香创意市集的相遇,延续到台北国际书展的相聚,这样的相聚结合使港澳台与内地的微型出版社之间建立了人脉网络,并在台湾书展中合租展览摊位。独立出版联合展摊位有别于一般大型出版社制式化的展

---

① 2015 年 8 月 22 日,本研究者对《书香两岸》杂志何志伟责任编辑的访谈记录.
② 2014 年台湾图书出版现况及其趋势分析. https://www.ncl.edu.tw/publicData513015111671.pdf(2015 年 8 月 3 日访问).

场布置,因而吸引媒体与群众的聚焦关注;第二,现今出版产业以追求利润与高畅销度的综合性出版社居多,因而出版物的相似度很高,当这些综合性出版社只追求少数且同质化畅销书时,其实独立出版因品牌特色以及选题路线差异,成为在多数类似性的阅读书种里头一个较为鲜明的独特选择;第三,独立出版者因为组织人少,且从业者都很活泼,所以较愿意尝试新的、多元的营销手法,因而异于多数传统大型出版机构制式化的运作方式;第四,因为独立出版者的作家多为新人,相对于大型出版社的大作家,新作者更愿意通过参与演讲与上电视台等管道曝光,也因此间接提高了独立出版者的曝光度。① 根据以上四个因素可将台湾的独立出版一词的形成归纳为一股独立出版圈的文化氛围共识,这股文化氛围共识使他们聚合,并因其弹性化的组织运作、高灵活度的营销手段、独特的选题品位使其从业界中逐渐打开知名度,并获得大众媒体的关注而兴起。

(2) 独立出版的发展现况与市场差异

本小节以市场机制与流通现况的视角梳理中国大陆和台湾的独立出版者之间的差异。台湾的独立出版者市场化程度相对于中国大陆来得高,第一个原因与市场环境及政策条件有关。台湾市场环境中多数出版社为中小型企业,因此出版社彼此间的资源拥有差异性不大,即便有大集团或大型出版社,但仍没有出现市场垄断现象。因此,最主要竞争力仍来自出版社内部编辑与营销人员的创新力。在创新力部分,凭借的是各出版社的人力资本,在这方面独立出版工作者因其对文字、书籍的热爱,所花费的精神与努力并不亚于大集团或大型出版社的工作者,因而在出版社对外部市场经营与营销并不会因出版社规模或属性不同而有市场化成熟度的差异,只有大众与小众的市场区别。再者,台湾出版市场是一个公平竞争的自由经济体制,不论出版社大小,每个单位都有公平的权利免费申请 ISBN(书号),另外,只要出版者有意愿即可以申请成立出版社。这两点因素导致两岸在发展独立出版时的市场环境与出版物流通度产生极大的差异。

依照市场化程度,本研究将中国独立出版者初步划分为两大类。第一类为业余性质的独立出版者,他们不具备出版资质,也不会为了让书籍在市场上流通而去购买书号或是与出版社合作,只是将制作书籍当作是制作文艺作品,产品很具个人化色彩,不会以一份工作性质来看待与策划一本书,若确实做得很不错,某些出版社愿意合作才会上出版市场流通。② 相比港澳台的独立出版者,大陆的独立出版者更贴近早期霍加斯出版社的手工工作坊样貌:有一个或者两三个志同道合的朋友出资,一起做选题、责编、排版,以极低的成本打印、手工装订成册;到后期,若是有圈内人喜爱,则多制作几本相赠,或是在独立书店贩售。所以,不但数量有限,而

---

① 2015 年 8 月 6 日,本研究者对南方家园出版社刘子华发行人的访谈记录.
② 2015 年 8 月 22 日,本研究者对《书香两岸》杂志何志伟责任编辑的访谈记录.

且无法发行,只能成为"内部交流"的册子,谈不上"出版"二字,而是"制作"。① 此类独立出版者更偏向于个人业余的兴趣爱好,独立出版者将策划书籍视为一种艺文作品的完成,仅在共同的艺文圈中以一种艺文作品或商品做小量的流传。在中国大陆以恶趣味出版物闻名的联邦走马负责人恶鸟在访谈中提道:

> 我们(联邦走马)没有立案登记,因为国内出版的法案一直是不清楚的,或者说不允许用这样的方式来做出版,但是我对这个出版的概念稍微有点不一样,我将出版物视为小册子,在这个圈子里面互相传阅,然后发行量是控制在不会变成一个主流出版那么大的发行量,它的影响力不会那么大,但是真正喜欢的人还是会找到,所以称小册子印刷,不要特别称为出版。②

因此,此类独立出版者并不将其策划、贩售书籍的行为视为"出版",而是艺文的作品的完成与少量销售。从 2012 年"独立之光:2012 广州独立出版物展览"起每隔一两年定期举办的独立出版物展则可解释在中国大陆某部分独立出版物性质更偏向于"文艺"作品,而非"出版"物。

第二类独立出版者相较于第一类则较具市场性,这类出版单位相对于体制内的国企单位更具开创性与创新的选题策划能力。然而,规模又比综合型民营图书公司小,多半以工作室或独立出版者为单位。多数此类独立出版工作者曾任大型出版社或民营图书公司的编辑,他们注重创作、强调特性、尊重作者,然而主流出版社无法满足他们对于作品呈现方式和质感需求,所以他们在离开主流出版单位后自行开设独立工作室,或是以独立出版者之姿生存于出版场域,类似于 SOHO 族③的运作方式来策划出版物,并与出版社或民营图书公司进行合作。此类独立出版者较第一类更具市场性的原因在于,他们曾在综合型出版社或图书公司担任编辑等要务,曾经历过出版市场的考验,在了解市场运作机制的基础下坚守个人偏好的选题与出版呈现方式。选题依照他们理想的方式进行策划编辑后,通过与出版社或图书公司的合作机制,让出版物能合乎规范地在实体与网络渠道上流通。如本研究访谈的副本制作,其作品就曾和国有出版社合作,发行人冯俊华提道:

---

① 何志伟.私房菜——出版的中国册子[J].书香两岸,2013(51):20-21.
② 2015 年 8 月 31 日,本研究者对联邦走马负责人恶鸟的访谈记录.
③ SOHO 是 small office 和 home office 的缩写(单独办公、家里办公的意思),特指那些在家办公的自由职业者.

小出版（独立出版）和与出版社合作的正式出版的主要区别在于推广方式和传播途径，以及大多数小出版机构还没有能力向作者支付版税。所以，我欣赏的作品和作者被正式出版，被更好地传播、获取应得的经济利益，是值得欢喜的事情。①

另外一种介于灰色地带的流通方式则为在香港注册出版公司、申请香港书号，并通过中国图书进出口（集团）公司的出版物报批后让其出版物以进口图书的方式在中国出版市面上流通。然而，多数独立出版者认为这个方法实行起来有规避意味，且效力有限，因而多数没有继续深化香港出版社与香港书号的申请。② 大部分独立出版者仍选择与出版社合作，或是以文艺作品小册子之姿流通于零星的渠道点，如独立书店、淘宝店、豆瓣等。

5.2 稿源面的资本运作逻辑

5.2.1 善用免费象征资本——公版书出版

根据古登堡计划对美国版权法的解读：1923年前出版的书籍版权为75年，即自1998年以来，凡1923年前出版的书籍都已进入公共领域。1977年前出版的书籍版权为95年，即1924年以前出版的书籍版权在2019年会失效。在中国大陆和台湾，作者过世50年后，其著作权归为公共版权。但外文作者，则依国情而有所不同，英国和美国为作者过世70年；日本和韩国，则是作者过世后50年。

这些进入公共版权领域的书籍成为许多独立出版者节省成本的不二法门。公共版权意味着可以节省一大笔版权费用，尤其国外作者与作品的引进经常是经过多家出版社竞价后的版权价，通常仅有经济资本雄厚的大型出版机构才具备竞争的资格。然而，独立出版者不同的优势在于，多数独立出版工作者都以外国文学或语言为主修，且具备编辑与翻译的特长及工作经历，他们在获取国外图书资讯的能力亦较佳，搜寻并翻译公版书籍成为他们经营独立出版的工作之一。独立出版者孔宁则长期采用公共版权作为策划及出版书籍的资源，其在访谈中提道：

> 我现在策划书基本上是找公共版权，在大陆或者在台湾没有翻译过来的一些经典作品。所以我的图书基本可能有别于其他工作室或图书公

---

① 2015年8月26日，本研究者对副本制作负责人冯俊华的访谈记录.
② 2015年8月26日，本研究者对副本制作负责人冯俊华的访谈记录；2015年8月25日，本研究者对假杂志负责人言由的访谈记录.

司的性质,我很少找大陆的作者稿源,所以基本上都是翻阅或者查阅已故的西方作者书籍。这些年为了降低成本,觉得找公共版权也是降低成本比较好的方向。①

独立出版者孔宁本身主修外国文学,因此,能跨越语言的障碍搜寻公共版权书籍,甚至是翻译与润稿,并且定位在经典公共版权作品的策划。其提道:

> 从艺术水准来说,基本上都是国外好多年形成的经典作品,所以我不担心这些内容。我现在做出版定位基本上是做这些经典书籍,经典书籍可能无法像畅销品一样炒作,销售量能一下子提升,但是我的书卖得很长,好多年可能都卖。因此,我做独立出版就是逐渐形成一种尽量做经典内容书籍的定位。②

表5.1为孔宁独立出版者所策划的书单,我们可以发现有90%为经典公共版权书籍,这个表解释了独立出版者如何在有限经济资本下获取并运用高象征资本的公共版权,进而提高出版物的内容品质与关注。例如美国总统奥巴马的公开演讲,美国总统的公开演讲是属于公共版权领域,而独立出版者通过出版总统演讲,让总统的象征资本免费替书籍做了加分效应。除了奥巴马外,罗斯福与林肯书籍的出版亦是相同的概念。此外,亚瑟·克里斯托弗·本森则是剑桥大学莫德林学院第28届院长,其已过世超过50年,因此,根据版权法,其作品亦属于公共版权领域。孔宁独立出版者则出版其一系列教育类与励志类书籍,如《追随本心》《剑桥论道》《大学之窗》《为师之道》《圣坛之火》《仰望星空》《自由之旅》《阿城信札》《我心无惧》等。本森与剑桥的象征资本为书籍内容做了第一层的内容品质保证。其他如奥里森·斯威特·马登(Orison Swett Marden)、塞缪尔·斯迈尔斯(Samuel Smiles)、纳撒尼尔·C.小福勒(Nathaniel C. Fowler Jr.)、安妮·佩森·考尔(Annie Payson Call)等都是西方20世纪的著名作家或专业领域的佼佼者。他们的象征资本建立在经年累月的传承与歌颂上,得到读者的普遍认可而成为经典。因此,经典公版书籍对于经济资本有限的独立出版者而言是种事半功倍的选择。

---

① 2015年9月1日,本研究者对独立出版者孔宁的访谈记录.
② 2015年9月1日,本研究者对独立出版者孔宁的访谈记录.

表 5.1 独立出版者孔宁策划书单(2015年10月前)

公版书		
《炉边谈话》 富兰克林·罗斯福	《向前看·在路上》 富兰克林·罗斯福	《无敌——林肯一生的演说》 亚伯拉罕·林肯
《奥巴马演讲精选》 贝拉克·奥巴马	《缔造帝国经济的50位巨人》 博泰·查尔斯·福布斯	《福布斯写给未来精英》 博泰·查尔斯·福布斯
《追随本心》 亚瑟·克里斯托弗·本森	《剑桥论道》 亚瑟·克里斯托弗·本森	《大学之窗》 亚瑟·克里斯托弗·本森
《为师之道》 亚瑟·克里斯托弗·本森	《圣坛之火》 亚瑟·克里斯托弗·本森	《仰望星空》 亚瑟·克里斯托弗·本森
《自由之旅》 亚瑟·克里斯托弗·本森	《阿城信札》 亚瑟·克里斯托弗·本森	《我心无惧》 亚瑟·克里斯托弗·本森
《达尔文在路上看到了什么》 作者:查尔斯·达尔文	《昆虫的生存之道》 作者:罗伯特·埃文斯·斯诺德格拉斯	《冥想日记》 作者:詹姆斯·艾伦
《磁性魅力》 作者:奥里森·斯威特·马登	《初性之美》 作者:奥里森·斯威特·马登	《第一本快乐心理学》 作者:奥里森·斯威特·马登
《立足商界》 作者:奥里森·斯威特·马登	《掌握法则做职场赢家》 作者:奥里森·斯威特·马登	《奋勇向前》 作者:奥里森·斯威特·马登
《展现魅力给青春添彩》 作者:奥里森·斯威特·马登	《自励》 奥里森·斯威特·马登	《人生一定要精彩》(繁体字版) 作者:奥里森·斯威特·马登
《你能行》 作者:奥里森·斯威特·马登	《提高效率为成功助力》 作者:奥里森·斯威特·马登	《激发潜能你就是王者》 作者:奥里森·斯威特·马登
《25岁知道就晚了》 作者:纳撒尼尔·C.小福勒	《理财智慧书》 作者:纳撒尼尔·C.小福勒	《世界上最伟大的销售圣经》 作者:纳撒尼尔·C.小福勒
《品格决定成功》 作者:塞缪尔·斯迈尔斯	《善行决定做人》 作者:塞缪尔·斯迈尔斯	《行动决定命运》 作者:塞缪尔·斯迈尔斯
《活着的职责》 作者:塞缪尔·斯迈尔斯	《改变决定命运》 塞缪尔·斯迈尔斯	《勤俭决定幸福》 塞缪尔·斯迈尔斯
《生活本来随心所愿》 作者:安妮·佩森·考尔	《过好每一天》 作者:安妮·佩森·考尔	《奔向富足》 作者:詹姆斯·艾伦
《家庭理财经》 作者:埃尔伍德·劳埃德	《专注的力量》 作者:西伦·Q.杜蒙	《超越巅峰》 作者:亚当·克雷格
《城市的耻辱》 林肯·斯蒂芬斯	《非凡之路》 作者:布克托里佛华盛顿	《意志的力量》 弗兰克·C.哈德克
《卡内基传》(繁体字版) 安德鲁·卡内基传	《自我的升华》 约翰·托德	

(续表)

非公版书		
《美国企业500家》 加里·胡佛 阿尔塔·坎贝尔 帕特里克·斯佩恩	《达尔文的黑匣子》 作者:迈克尔贝希	《美国总统全传》 作者:张爱民,马飞
《世界智力玩具玩法全解》 作者:王宗一	《向世界政要学领导力》 作者:赵越,陈文科	

资料来源:独立出版者孔宁提供

台湾亦有类似于孔宁以翻译经典外国文学为主要运作方式的独立出版者,如台湾的樱桃园文化出版则是专注于翻译俄罗斯经典文学作品,例如俄罗斯文学经典作家尼古莱·瓦西里耶维奇·果戈理、安东·巴甫洛维奇·契诃夫以及陀思妥耶夫斯基。这些作家之所以成为经典必定是在内容上有一定的品质保证。然而,在1994年前台湾出版界对于国际版权的不重视,[①]加上翻译品质未达成熟,许多经典作品因翻译与编辑问题导致最终台版书籍品质低落,削弱了原著的象征资本与文化资本。樱桃园文化出版负责人丘光对俄罗斯文学的热爱及自身曾在大出版社工作所磨炼出来的编辑能力,因而决定成立樱桃园文化出版社,专注于俄罗斯文学的新译。樱桃园文化出版社所出版的书籍如表5.2所示,目前共出版了10本书,其中就有6本书属于公共版权的俄文经典书籍。丘光在访谈中提到,由于樱桃园文化为他一人所营运的独立出版社,在经费有限的条件下公版书能降低成本的支出。但更重要的是,透过新译让原版经典书有更完整的台版书样貌,不让经典的象征资本因过去的版权与翻译问题被削弱。一方面自行翻译与公共版权节省了成本的开销,另一方面,也通过经典作家的象征资本吸引读者的关注度。

表5.2 樱桃园文化出版社历年出版书单(2015年10月前)

书名	作者	译者	公共版权书籍	诚品选书或其他奖项
外套与彼得堡故事:果戈理经典小说新译	尼古拉·果戈理	何瑄	V	
地下室手记:陀思妥耶夫斯基经典小说新译	陀思妥耶夫斯基	丘光	V	诚品选书

---

① 1994年"台湾"版权法中出台"六一二大限"。所谓"六一二大限",乃是指在1992年6月10日以前未经著作财产权人同意而就外国人著作所为之翻译,于1994年6月12日以后不得再行销售,故只能销售至1994年6月12日为止。

(续表)

书名	作者	译者	公共版权书籍	诚品选书或其他奖项
谍影围城方多林探案2：土耳其战地迷情事件	鲍里斯·阿库宁	陈翠娥		
冬日女王方多林探案首部曲：莫斯科左轮枪自杀事件	鲍里斯·阿库宁	丘光		
俄罗斯私风景：走过生活，读过文学	熊宗慧			诚品选书
当代英雄：莱蒙托夫经典小说新译	米哈伊尔·莱蒙托夫	丘光	V	诚品选书
把我埋在墙脚下	帕维尔·萨纳耶夫	陈翠娥		
初恋：屠格涅夫恋爱经典新译	屠格涅夫	陈翠娥	V	
带小狗的女士：契诃夫小说新选新译	安东·契诃夫	丘光	V	诚品选书
关于爱情：契诃夫小说新选新译	安东·契诃夫	丘光	V	

资料来源：樱桃园文化出版提供

经典公版书比起一般商业性的畅销书更具有长年积累的象征资本，且不像畅销书需通过广大的媒体做营销，并在短时间累积高知名度的象征资本。相反地，经典公共版权作品是一种经过时间与历史积累的象征资本，这样的象征资本无须出版人通过大量媒体曝光操作来赋予，可以说是一种免费的象征资本取得。因此，本研究归纳独立出版者经常使用公共版权的因素为以下两点：第一，能节省购买国外版权的经济资本；第二，能免费获取作品与作者经年累月奠定的象征资本。甚至公共版权书的象征资本所带来的盈利能成为独立出版者培养新作者的经济资本后盾。逗点文创结社发行人陈夏民在访谈中提道：

> 目前规划将"逗点文创结社"的纯文学书系分成两类，一边是没有版权问题的经典公版小说，另一边则推出优秀的年轻台湾作家。"我想用公版书来养这些台湾年轻作家！"由于出版公版书可以省去一大笔版权成本，若在销售上做出一定成绩，赚来的钱就可以用来支持出版台湾纯文学作品。①

---

① BIOS. 逗点文创热血又任性的陈夏民专访. http://www.biosmonthly.com/contactd.php?id=3827 (2015年9月26日访问).

虽然公版书有作者与作品长年积累的象征资本,然而,公版书籍因为是免费的资源,相对于付费的国外版权书而言,是一种未经筛选的出版机制。因此,在出版市场上也容易有出版与翻译品质的问题。根据本研究访谈到中国大陆出版界以从事经典书籍出版而有良好称誉的新经典文化有限公司副总经理猿渡静子,她谈道:

> 我们这十几年基本上不做公版书,因为我们要求我们的图书要有一定的品质,因整个出版行业公版书大家就是尽量怎么便宜怎么做,所以我们通常是不做公版书的。①

从上述的访谈可看出,经典公版书籍所自带的象征资本虽能给出版者与出版物免费加分,然而,其零经济资本的版权负担带来许多出版者的投入而削弱原本经典的象征资本。如何让经典以更高品质的方式重现,甚至如何赋予经典作者与作品另一个新的面向,是独立出版者选题、新译及营销公版书籍的真正考验。

5.2.2 文化资本与社会资本连接:原创内容来源与经济资本的分摊

大型主流出版社无法满足独立出版者对于作品呈现方式和质感要求,所以独立出版者具相对独立、灵活、自由的空间,给予作者、编辑、设计这些创作者充分的发挥空间,呈现相对个性化的作品,也吸引了小众化却志同道合的合作者。这恰好应验了20世纪二十年代超现实主义艺术运动口号"出版是为了寻找同道人",也是独立出版者为何在独立运作中又可以找到气味相投的合作者。这依赖的是共通的文化资本互赏,以及互赏后的社会资本连接。其中,一人出版社即是文化资本互赏与社会资本连接的最佳体现。刘霁在访谈中对于一人出版社的定位提道:

> "一人出版社"的理想定位并不是只有我一个人,而是"每一人"对出版有独特想法者的集合体概念。所以"一人出版社"的理想状态是一批志同道合的人结合起来,每个人都可以在里面独立作业,没有一般出版社相互隶属的关系,出自己想要出的书,所以跟"一人出版社"合作的每个作者或译者也都算"一人",只是挂"一人出版社"的名号。然后借用一人出版社已打通好的通路,大家互相帮忙就不用花费那么多功夫去重新创立一个新的出版社。未来的计划就是开放大家的思路,每个合作者都可以采用"一人出版社"的商标,算是一种共享型的出版社。②

---

① 2015年9月1日,本研究者对新经典文化有限公司副总经理猿渡静子的访谈记录.
② 2015年8月6日,本研究者对一人出版社发行人刘霁的访谈记录.

上述的定位亦可以从一人出版社的历年出版书单中高比例的合作出版书中被证实。从表5.3可以看出一人出版社约有1/3的书籍为作者或译者出资合作出版。刘霁在访谈中提到，节省成本的方式除了没有正式员工、没有办公室，以及出书量少外，合作出版模式则是一种节省成本的方式。一人出版社的出版物中，并非出版社全额支付成本，而是与作者或译者合作分摊，再按分摊的比例结算收益。因而实际上作者或译者拿的收入会比一般出版社依照版税计算来得多，是一种风险与收益一同分担的概念。① 如此的合作方式是建立在文化资本互赏的基础下所形成的小众文化圈，亦是一种独立出版者与作者、译者间的社会资本连接下的合作关系，也因这样的人脉连接与合作模式，让独立出版者除了有共通文化资本的内容稿源外，更带来经济资本的共享与分摊。

表5.3 一人出版社历年出版书单（2015年10月前）

书名	作者	公共版权书籍	出资合作书
夜未央：费兹杰罗经典小说新译	史考特·费兹杰罗	V	
晚安晚安	陆颖鱼		
看电影的人	詹正德		V（作者合作出资）
那些杀死你的都并不致命	沈意卿		V（作者合作出资）
狐狸与我	盛正德/图文		V（作者合作出资）
富家子——费兹杰罗短篇杰作选2	史考特·费兹杰罗	V	
柏林故事集	克里斯多福·伊薛伍德		
柏林最后列车	克里斯多福·伊薛伍德		
再见，柏林	克里斯多福·伊薛伍德		
秀场后台	西多妮-加布里叶·柯蕾特		V（译者合作出资）
冬之梦：费兹杰罗短篇杰作选	史考特·费兹杰罗	V	
跳吧	何献瑞		V（作者合作出资）
永远的下一站	盛正德		V（作者合作出资）
边境国	托努·欧内伯鲁		V（译者合作出资）
咿咿咿	林韬		V（译者合作出资）
影迷	华克波西		
出事情	克里斯提昂盖伊		V（译者合作出资）

资料来源：一人出版社提供

---

① 2015年8月6日，本研究者对一人出版社发行人刘霁的访谈记录.

在中国大陆的独立出版者亦有相同的运作逻辑,联邦走马负责人恶鸟在访谈中提到,首先联邦走马以其个人作品《邪恶三部曲》当作实验品出版,接着则是出版好朋友乌青的诗集。然后,在网络上发现一批先锋文学群体,如张羞、赵志明、春树等人,与他们联系,他们都对联邦走马感兴趣,所以陆陆续续地出版这一批人的作品。① 以国外诗歌与学术作品定位的泼先生则是通过邀稿的方式取得国外作者的授权,抑或是采取征集稿件的形式收集稿源。出版摄影主题的假杂志稿源则是来自于摄影师或摄影朋友的作品居多,部分会支付稿酬,多数因对假杂志的信任与喜好则以赠书作为稿酬回馈。② 副本制作谈到原稿来源则提道:

> 出版稿源为朋友推荐或者自己阅读留意到的某一个作者。一般来说我们会通过豆瓣或者别的渠道关注这个作者很长一段时间,这种关注是出于我们的期待,直到某一天觉得时机成熟了,就会跟他联系,如果双方有共识的话,就能在这种基础上开始编辑。③

上述的访谈中体现了独立出版者的稿源多数建立在文化资本互赏与共享的基础上,因文化资本的气味相投而建立了人脉关系,即社会资本的连接与合作。多数作者因对独立出版者文化资本互赏与信任采取免稿酬的形式合作,独立出版者则在印制出书后以赠书的方式作为稿源创作的回馈。

5.3 制作面的资本运作逻辑

5.3.1 以弹性化的社会资本交织而成的人力资本来源

创意产业中的许多工作,并非交付组织负责,而是由志趣相投的个人松散地结盟,组成暂时伙伴关系,在一件件承接的个案中加以完成。因此创意产业的文化生产是建构在小型企业或个体户所构成的人脉网络上来运作。④ 独立出版者在制作面的运作逻辑,即是如同上述个体或微型企业的经营方式,以非正式的社会资本连接而交织组合而成。独立出版者陈夏民提到,逗点文创结社为两人规模的出版社,运作方式就是一直外包出去,无论是书本制作流程前端的作者、排版、装帧、印刷,还是后端的经销、通路,借此灵活的运作方式找到最佳的合作团队。⑤ 如本研究问

---

① 2015 年 8 月 25 日,本研究者对联邦走马负责人恶鸟的访谈记录。
② 2015 年 8 月 25 日,本研究者对假杂志负责人言由的访谈记录。
③ 2015 年 8 月 26 日,本研究者对副本制作负责人冯俊华的访谈记录。
④ [英]克里斯·比尔顿.创意产业:管理的文化与文化的管理[M].姜冬仁,译.//李天铎,编.文化创意产业读本:创意管理与文化经济.台北:远流出版社,2011:146.
⑤ 陈夏民.飞哭,丑踢,白鼻毛:第一次开出版社就大卖——骗你的[M].台北:明日工作室,2012:87-92.

卷表5.4所示,独立出版者在拥有"更高灵活度"的组织机制与人员配置方面显著高于国有出版单位($P<0.05$达显著差异),均值差约1.8,此数据进一步证实独立出版者的人力组合相对于科层式的大型出版机构管理较具灵活度。如此的结合方式相对也较容易组合出新的创意,且人员组合更能搭配选题做调整。

表5.4 不同出版类型之组织机制与人员配置的"灵活度"比较(Tukey HSD)

单位类型(I)	单位类型(J)	均值差(I-J)	标准误	显著性(P)
独立出版者	国有出版单位	1.791	0.577	0.025
	国企控股的民营单位	1.000	0.694	0.702
	民营图书公司	1.162	0.625	0.429
	工作室	0.333	1.085	1.000
	网络原创文学(小说)平台	0.545	0.745	0.978

专门从事西方公版书籍出版的独立出版者孔宁则提道:

> 由于外文系的学历背景,认识并组合成一批翻译团队,有些是我的老师及同学。翻译团队基本都是比较松散的形式,但通常为长期合作的伙伴关系。翻译完成后再由我进行润色工作,也会有认识的编辑协助帮忙,最终打包完成,交给出版社进行下一个流程。①

根据研究问卷表5.5所示,在"更弹性化"的编辑与企划组合题项,独立出版者平均数显著高于国有出版单位,均值差为1.833($P<0.05$达显著差异)。此数据说明独立出版者的人力资本组合相较于规范式的国有出版单位来得更具弹性。

表5.5 不同出版类型之编辑与企划的"弹性化"程度比较(Tukey HSD)

单位类型(I)	单位类型(J)	均值差(I-J)	标准误	显著性
独立出版者	国有出版单位	1.833	0.564	0.016
	国企控股的民营单位	1.313	0.678	0.383
	民营图书公司	1.250	0.611	0.318
	工作室	0.583	1.060	0.994
	网络原创文学(小说)平台	0.977	0.728	0.761

---

① 2015年9月1日,本研究者对独立出版者孔宁的访谈记录.

独立出版者与传统大型综合出版机构最大的差异来自人力资本的弹性化组合运作,他们人力资本来源建立于非正式人脉关系的社会资本,由于非正式的人脉关系结合而有更高的灵活度,并组合成最合适的团队。此外,多数独立出版主事者与合作者原本即为熟识的友人,因此合作起来相得益彰。

5.3.2 低成本与扁平阶层的人力资本运作

大型出版单位和一般的工商企业体系的运作相同,大出版社固定聘用人力资本且规模较大,相应也需支付更多的薪资给固定聘用的人力,另外也需要支出这些人力资本所带来的行政成本,如较多的房租、水电支出。然而,独立出版者在人力资本方面比起大型出版社采用更多的外包模式。王俊灵谈到一本工作室的运作流程则提道:

> 以前大家都得在一个办公室蹲着,但现在其实在网络的支援下,我们工作室现在就几个人在北京的办公室,但是实际上我们有些编辑不在北京,我们的设计也不在北京,但是我们都可以一起协调,把这件事情做起来。①

独立出版者言由则从新锐摄影艺术类书籍的角度出发,认为大出版社出版摄影类书成本不易控制,因为中国大陆的图书定价相对较低,如果一本书定价不高的话,成本就必须控制住,大出版社的阶层运作需要各层都有利润回收,也必须去控制成本,所以就会降低质量,但作为一个独立的出版社较容易控制一点,是因为独立出版者不需要那么多的利润,所以这是大出版社的劣势,也是大出版社较少做新锐摄影艺术书的原因。②

曾与大型出版社及独立出版者合作过的郑作者则认为:

> 独立出版者运作较为灵活,对待不同作品与作者的方式也较弹性,不像一般大出版社操作书籍都有固定的运作方式,若想做不同的书籍操作,或许得请示上级,相对流程烦琐也不容易操作。③

---

① 2015年5月28日,本研究者对一本图书策划工作室总策划王俊灵的访谈记录.
② 2015年8月25日,本研究者对假杂志负责人言由的访谈记录.
③ 2015年9月23日,本研究者对郑作者的访谈记录.

独立出版者以弹性化的方式使用人力资本有两个优点：一方面，可以通过外包的形式来节省制作成本；另一方面，弹性化的人力资本运用可以增加作品的创新性与多样性，以及降低风险。其原因在于，多数独立出版者运作方式是以一本书为单位进行人力资本的结合，与大型综合出版社以聘用长期与固定人才作为人力资本的结合是不同的。前者在人力资本的运用上可以更加弹性化与多样化，并可依书籍内容与风格选取相应的编辑与设计者，合作较灵活有弹性，也因此容易创新。此外，弹性化的外包人力资源，其风险较聘雇专任的人力资本来得低的原因在于，大型综合出版人力聘雇后即是一种长期合作与阶层式的运作关系，若不适合则不易变动且耗费的时间与成本较高，而独立出版者采取外包专案式的人力资本合作关系则是以一本书作为合作单位，若不合适，下一本书则可选择其他合作者，相对而言，在合作不适合的情况下也较容易抽离，因而合作风险较低。

5.4 流通面的资本运作逻辑

5.4.1 台湾"午夜巴黎"出版计划：公版书的新象征资本面向

经典作者与作品总给人沉重而有距离感的刻板印象。然而，在台湾的逗点文创结社、一人出版社以及南方家园出版社三家独立出版者以跨出版社的合作方式实行了"午夜巴黎"出版计划。此出版计划正是在欧内斯特·米勒尔·海明威（Ernest Miller Hemingway）与弗朗西斯·斯科特·基·菲茨杰拉德（F. Scott Fitzgerald）的象征资本基础下，以创意的营销手段，玩转经典公版书籍的新面向。

在探讨"午夜巴黎"出版计划前，必须先从导演伍迪·艾伦（Woody Allen）2011年的电影《午夜巴黎》谈起。该部电影以穿越的叙事方式将1920年美好年代下的巴黎和菲茨杰拉德、海明威、毕加索、艾略特等文艺人物以趣味化的方式拼凑起来。2011年，台湾逗点文创的陈夏民和一人出版的刘霁在一次出差的途中谈论起这部电影，一发不可收拾，并突发奇想地提了一个计划：出版电影中的作家和艺术家的作品，"午夜巴黎"出版计划因此而诞生。①

陈夏民对海明威的作品情有独钟，而偏爱电影的刘霁则对菲茨杰拉德的作品很有兴趣，所以两人在出版的首波计划中，各自选择了海明威和菲茨杰拉德的作品翻译、编辑，并以对决的方式出版，从选题、翻译、编辑出版、设计到销售，两本书都在较量与竞争。后续第三家独立出版者南方家园的加入，使得"午夜巴黎"出版计

---

① 何志伟.以出版，重返一个美好年代——逗点文创×一人出版×南方家园的"午夜巴黎"出版计划.书香两岸，2014(70)：10-11.

划的营销方式更添丰富度。"午夜巴黎"出版计划呈现出版社竞争较量,然而实际上又是合作关系的微妙营销手段。跨出版社之间的竞合状态又如同海明威与菲茨杰拉德在文坛上亦敌亦友的关系。

虽然海明威与菲茨杰拉德的象征资本为此计划注入了加分效益,但三家出版社不仅仅只是利用两者既有的象征资本,而是给予海明威、菲茨杰拉德经典外的另一个创新面向。两人在亚洲最耳熟能详的作品莫过于海明威的《老人与海》(The Old Man and the Sea)、《永别了,武器》(A Farewell to Arms)(又译为《战地春梦》),以及菲茨杰拉德的《了不起的盖茨比》(The Great Gatsby)(又译为《大亨小传》)等长篇经典小说,如此的经典总给读者沉重而遥远的距离。然而,"午夜巴黎"出版计划利用经典的象征资本却赋予经典不同的面向。陈夏民在《书香两岸》的访谈中提道:

> 在健全的市场里,除了经典作品之外,读者理当也能找到作者同时期的其他作品,才能全面了解一位经典作家是如何养成的。所以,身为出版人,我们应该多介绍一个好作家的其他好作品。[①]

如表5.6所示,"午夜巴黎"出版计划共分三部曲,前两部曲则是两位独立出版者自己选文、翻译出版了两位经典作者较鲜为人知的短篇小说集。分别是海明威的《一个干净明亮的地方》(A Clean, Well-Lighted Place)与《我们的时代》(In Our Time)(又译为《在我们的时代里》),以及菲茨杰拉德的《冬之梦》(Winter Dreams)与《富家子》(The Rich Boy)(又译为《富家子弟》)。第三部曲则是回归长篇小说,逗点文创结社的陈夏民翻译并出版海明威的《太阳依旧升起》(The Sun Also Rises)(又译作《太阳照常升起》),一人出版社的刘霁则负责翻译与编辑《夜未央》(Tender is the night),并以小说主题日与夜的决斗,象征海明威与菲茨杰拉德亦敌亦友的竞合关系。第三部曲中加上南方家园出版社邀请曾翻译过菲茨杰拉德作品《尘世乐园》的译者陈荣彬撰写《危险的友谊:超译费兹杰罗&海明威》,借此将出版计划中竞合的热度往上提升。

[①] 何志伟. 以出版,重返一个美好年代——逗点文创×一人出版×南方家园的"午夜巴黎"出版计划[J]. 书香两岸,2014(70):11.

第五章　低门槛创造者：独立出版者的资本运作逻辑

表 5.6　逗点文创结社 X 一人出版社 X 南方家园的"午夜巴黎"出版计划

出版社	逗点文创	一人出版社
一部曲	《一个干净明亮的地方》 作者：海明威 译者：陈夏民（逗点负责人）	《冬之梦》 作者：菲茨杰拉德 译者：刘霁（一人出版社）
二部曲	《我们的时代》 作者：海明威 译者：陈夏民（逗点负责人）	《富家子》 作者：菲茨杰拉德 译者：刘霁（一人出版社）

(续表)

出版社	逗点文创	一人出版	南方家园
三部曲（最终章）	《太阳依旧升起》 作者：海明威 译者：陈夏民	《夜未央》 作者：菲茨杰拉德 译者：刘霁	《危险的友谊：超译费兹杰罗＆海明威》 作者：陈荣彬

图 5.1 "午夜巴黎"出版计划戏剧《干净明亮的一日》的营销配合，诚品松烟店
资料来源：《书香两岸》第 70 期，2014：13

除了打出响亮的出版计划名号外，三家独立出版者亦设计出许多一连串有趣的实体营销活动。在南海艺廊的新书发表会中，现场便配合新书内容，做了"午夜巴黎"餐点，并搭配影像做呈现。在新书推广期，则与剧场人顾轩合作编写了戏剧《干净明亮的一日》，此戏剧在诚品松烟店的玻璃房内做了海明威与菲茨杰拉德的概念诠释演出（图 5.1）。此外，还请甜点师在读完三本书后，创意制作三款巧克

力,在高雄的三余独立书店举办活动,读者买哪一本书就送哪一款巧克力。三本书就在该书店中进行较量,看谁出版的书卖得最快。跨领域的营销方式让读者重新认识经典作者与作品,也借此对书籍产生购买兴趣。陈夏民在《书香两岸》访谈中提道:

> "午夜巴黎"的模式很不适合跟大出版社合作。企划、编辑、营销都需要紧密合作,独立出版者之间因为只有两三个人,讨论完就可以直接执行了。但大出版社出版会涉及很多部门很多人,所以一本书在跨部门的讨论中,再跟两三个出版社谈合作,分化出来的困难是有的,时间也需要更长,成果也没那么好。①

三家独立出版者因负责人原先就建立的社会资本关系,合作起来相得益彰。如此弹性化的营销手段最终重点还是来自独立出版者的弹性化组织结构与无局限性的人力资本运用。从出版计划三部曲中趣味性与寓意性兼具的营销手段可以看出,独立出版者已不再仅是以初级阶段的方式使用海明威与菲茨杰拉德的免费象征资本,而是采取立体化的方式包装一整套经典作品的出版计划。

5.4.2　跨出版社的社会资本连接——国际书展中独立出版者的合作营销

独立出版者有许多先天上的弱势,例如资金不够、资源不足、苦守小众市场等,因而在书市上没有强大实质的影响力,但独立出版者的优势在于门户之见很浅,只要主事者之间没有太大的嫌隙就有合作的可能。② 从 2011 年起,独立出版者每届在台北国际书展中联合展即为最佳的例子体现。台北国际书展参展采取各自报名形式,并依承租场地大小来付费。独立出版者虽也能承租一小块面积,然而容易因场地过小加上地处边缘地带,间接影响人气与关注度。于是,2011 年四家独立出版逗点文创、一人出版、南方家园、香港点出版一起合租摊位,做一个书展中的主题展,透过合租中型摊位,同时引介其他慕名而来的独立出版者,集结众家独立出版者的资源,让独立出版者有能力与大型出版社竞争。③ 加上独立出版者弹性化与创新度较高,每年展场设计以"读字系列"为主轴订定不同的主题。如表 5.7 所示,独立出版展区设计相较于一般出版社中规中矩的展场设计更加吸引媒体的关注,因而使独立出版在台北国际书展中打响知名度。如此创意形式的结合,带来的不仅仅是读者吸引力与销售量的提升,对独立出版者的普世知名度提升亦有很大的帮助。

---

① 何志伟.以出版,重返一个美好年代——逗点文创×一人出版×南方家园的"午夜巴黎"出版计划[J].书香两岸,2014(70):10-11.
② 陈夏民.飞踢,丑哭,白鼻毛:第一次开出版社就大卖—骗你的[M].台北:明日工作室,2012:87-92.
③ 陈夏民.飞踢,丑哭,白鼻毛:第一次开出版社就大卖—骗你的[M].台北:明日工作室,2012:87-92.

表 5.7　历届台北国际书展独立出版联合展主题

历届独立出版联合展主题	主题理念	参与出版单位
2011 年读字机场	阅读就像一趟旅行。因此第一届独立出版联合展以机场为主题,相信每本书都是一架飞机,将带读者前往另一个世界。一个皮箱是一个独立出版者的摊位	一人出版社、逗点文创结社、南方家园、点出版、文化工房、蜃楼出版社、樱桃园文化、孩子羊、倾向出版社、女书文化、Animator M
2012 年读字车站	延续上一届的阅读如同旅行的概念,从机场到车站。售票区成了作家讲演的沙龙活动区,墙面上列车时刻表变成活动时刻表,一张张小车票化身成小书签,地上的行李箱中随意摆放了几本书	一人出版社、南方家园、逗点文创、点出版、文化工房、蜃楼、樱桃园文化、夏宇、角立、小写、黑眼睛文化、红桌文化、发言权出版
2013 年读字小宇宙	延续前两年的旅行概念,将主体扩大到星际旅行。20 颗大小行星代表 20 家独立出版社,环绕着宇宙四方,每家出版社都仿佛是一个星系,珍藏着不同的阅读秘密	海峡两岸暨香港共 20 家独立出版者
2014 年读字部落	脱离三年前的旅行主题,并体认到以宇宙为概念有点太遥远了,因而 2014 年回归地球,以部落为主题。独立出版者间的关系如同一种部落群聚,互相帮忙、彼此切磋,并一起守护文学	海峡两岸暨香港共 28 家独立出版者

(续表)

历届独立出版联合展主题	主题理念	参与出版单位
2015年读字小酒馆	此次主题因"午夜巴黎"计划（见5.4.1）完结篇所产生的灵感，打造浓浓复古风情的"读字小酒馆"，再现菲茨杰拉德与海明威所处爵士年代的美好风华	海峡两岸暨香港共35家独立出版者
2016年读字办桌	办桌是一种台湾特有的文化，意味着亲朋好友齐聚一团庆祝喜事。独立出版联盟取其意，象征众独立出版好友一起在书展联合办桌庆祝。作者与读者坐在桌前如同朋友般交流。读字办桌成为2016年台北国际书展最热门摊位	24家台湾的独立出版者和4位独立创作出版者，以及五家香港的独立出版者

陈夏民在访谈中提道：

> 跨出版社合作，最大的资源即是独立出版者间相互推广书籍、交换彼此的读者。联合展就像一个平台，在这个平台里面每一个人、每一个出版社都可以交朋友，同时也可以得到新的读者。此外，独立出版者间因联展而结合、熟识，独立出版间后续也开始有一些联系，有一些互相帮忙的地方，所以其实我们常常交换资讯。也因为我们常常联系，所以说我们就形成一个网络，然后能够互通有无、共享资源。①

独立出版者在台湾如今能形成一股风潮，其中很大原因来自独立出版者间的社会资本的连接。通过一起合租书展摊位而使势力与场地变大许多，更可以互相推广书籍，交换彼此不同的读者，加上搭配弹性化的运作机制与创意，让原先的弱势因彼此间的社会资本连接而被关注，进而壮大。此外，通过合作与联展形式，让独立出版者间建立共同的情感，也使彼此间的社会资本关系更加深厚。

---

① 2015年7月23日，本研究者对逗点文创结社发行人陈夏民的访谈记录。

5.4.3 "巧连接"的社交媒体运用:与目标读者的社会资本交流

弱连接(weak ties)概念于1974年由马克·格兰诺维特(Mark Granovetter)所提出,其研究发现,其实与一个人的工作和事业关系最密切的社会关系并不是"强连接",而常常是"弱连接"。① "弱连接"虽然不如"强连接"那样坚固,却可能有着极快的、低成本和高效能的传播效率。② 理查·柯克(Richard Koch)、葛雷格·洛克伍德(Greg Lockwood)则进一步将"弱连接"概念应用在社交媒体上做解释,越来越普及的网络社群平台,如Blog(博客)、社群、Facebook正是让大量弱连接得以发生的好工具。③ 博客、微信公众号、Facebook粉丝团、微博、豆瓣,甚至QQ群等社交媒体如同"弱连接"的枢纽,将有共同文化资本互赏者以弱连接的方式串联起来。如理念相同者,同是某类作品的爱好者,或是某位作家的粉丝,甚至在今日社交媒体为枢纽的强化下,社交两端因而互动频率增强,是一种"弱连接"联合形式与"强连接"互动频率结合下的"巧连接"。

在中国大陆,独立出版因出版政策的限制,渠道的曝光性是受限的,因而无法在一般实体书店或网络书店贩售。然而,独立出版者与一般大型出版社不同的是,独立出版者、作者与读者之间是呈现一种通过社交媒体所搭建的"巧连接"关系。这层"巧连接"关系弥补了独立出版者在渠道上的受限,让独立出版者能直接连接到读者,成为中国大陆独立出版者售书的方式。以先锋文学和恶趣味为出版风格的联邦走马负责人恶鸟提道:

> 这个群体(先锋文学、恶趣味)本身有一个网络,或者互联网上会存在一个圈子,在这个圈子里面我们会发新书讯息,然后作者本身的一些粉丝也会发讯息。也会做社群、论坛、微博、微信的新书发布,没有特别正式。④

副本制作负责人冯俊华在访谈中提道:

> 我们在豆瓣小站上发预告,请对该作品感兴趣的读者跟帖预订,这个

---

① 强连接:接触最频繁的最频的亲人、同学、朋友、同事;弱连接:相对于前一种社会关系更为广泛的,然而却是肤浅的社会认知。例如一个被人无意间提到或者打开收音机偶然听到的一个人。
② Granovetter M S. The Strength of Weak Ties[J]. American Journal of Sociology,1973:1360-1380.
③ Richard Koch, Greg Lockwood. Super connect: Harnessing the Power of Networks and the Strength of Weak Links[M]. Random House Digital Inc. ,2011.
④ 2015年8月25日,本研究者对联邦走马负责人恶鸟的访谈记录.

预订数量就是我们第一批制作的数量,之后则分批次少量制作。①

假杂志言由在访谈中提道:

> 我是直接卖给读者。像我的淘宝店可能新书出来的时候,好一点可以卖到两三百本,差一点至少也能卖到 100 本,所以其实挺多就已经通过自己直销的渠道就走了,连折扣都没有。而且通过直销,读者问你的书是什么特色,你的画册是关于什么的话也更容易传达,不需要通过其他人的嘴巴,会误传而对内容打折扣。②

在台湾,善用网络营销的逗点文创结社发行人陈夏民在访谈中提道:

> 因为独立出版者比较没钱,所以网络是我们最重要的一个渠道,就是跟读者沟通最重要的方式。其实我们 90% 的操作都是在网络上,把脸书(facebook)当作是新书的布告栏,或者是说把原本旧书的内容摘录出来与大家分享,那它有可能变成病毒营销。虽然大型出版社也会做粉丝团营销,然而出版物类型越多,其针对性与读者掌握度越不容易,即便粉丝团人数多,但相对粉丝团顾客的忠诚度也较低。这方面独立出版者所面临的问题较小,因为会关注独立出版者资讯与粉丝团的人,其实大部分原本就已经知道了。③

从上述的访谈内容中我们了解到,独立出版者相较于大型出版机构,他们虽然在书店渠道资源上受限,但因其文化资本的独特性而在网络社群直接与读者建立"巧连接"的虚拟化社会资本结合。这样的结合除了让独立出版者突破渠道上的限制,甚至直接与读者面对面,更能表达出版者的理念。书籍渠道铺售虽然让书有机会接触到读者,然而,"巧连接"则让独立出版者能以更直接的方式接触到读者,因而其实独立出版者比起大型出版者更明白自己具体的读者群,且读者群的忠诚度也较高。

5.4.4 连锁书店象征与经济资本的缺失 vs. 独立书店文化资本的弥补

书籍在市场上几乎都打团体战,或是通过强势的品牌形象带动销售。独立出

---

① 2015 年 8 月 26 日,本研究者对副本制作负责人冯俊华的访谈记录.
② 2015 年 8 月 25 日,本研究者对假杂志负责人言由的访谈记录.
③ 2015 年 7 月 23 日,本研究者对逗点文创结社发行人陈夏民的访谈记录.

版者则因为有不同的经销及路线,大多各自为政,也因为多半经营小众市场,因此在主流市场的知名度低,没办法争取足够的媒体曝光,更不用提经费问题,无法在通路(渠道)制作特殊陈列或展示。① 独立出版者多数在大型连锁渠道上面临挑战的原因在于,不像经营多年的大型出版机构积累多年的品牌象征资本,相对也积累较多的知名作者与作品,因而在面临渠道的谈判而有更多的话语权。以成立时间较短、出版小众书籍的独立出版者而言,相对缺失的象征资本因而在经销、渠道方面取得认可则较不容易。新兴的微型出版社策划总监柯延婷在访谈中提道:

> 书店采购还是会认品牌,还是会对所谓的成立较久的出版社、名声比较大的出版社,或已经出非常特殊书的出版社印象较深刻,或者是认可度比较高一点。②

独立出版因印书量少、书籍品项也少,几乎不太可能在连锁书店举办全书系书展,在缺乏长期的曝光下,销售期限相较于大型出版机构的书籍便短了许多,几乎只有新书强打期可以拼斗。因而,在连锁渠道方面则必须仰赖独立出版者亲力亲为向渠道商的采购者报品,而不能仅是通过经销商铺书,让独立出版的书籍被连锁渠道的采购者认识并有机会曝光。③ 这样的方式亦能与渠道商直接建立社会资本关系,让渠道的采购人员认识独立出版者外,进而更愿意提供书籍曝光的机会。

在现今新书出版量过高的时代,卖书不能仅是将书籍铺货到书店,而是要举办一连串的新书发表活动让读者发现。虽然独立出版者在连锁渠道上处于劣势,但近年独立书店蔚为风潮,因其与独立出版者的文化资本气味相符,相较于连锁书店,独立书店与独立出版者则有更多的活动合作。南方家园发行人刘子华在访谈中提到,独立书店与独立出版者合作密切的因素在于:第一,独立出版与独立书店间,主事者气味相投,作品气质符合;第二,每家独立书店的特色非常鲜明,因而独立书店的读者客群类型比连锁书店更集中,如文青;第三,连锁书店的场地费非常高,如诚品敦南场地很大,但实际上,一场座谈办下来,读者也没这么多,非常不符合经济效益。虽然,诚品信义店、台大店、台中店、台南店是不收费的,但每家店的读者类型都比较分散,活动前很难评估会来多少读者参与;第四,独立书店较能配合座谈活动中搭配其他小型展览或音乐活动。④ 从以上四点可以理解到,独立出版者与独立书店间因文化资本相符所发挥的作用。因文化资本相符,相对于综合

---

① 陈夏民.飞踢,丑哭,白鼻毛:第一次开出版社就大卖—骗你的[M].台北:明日工作室,2012:131.
② 2015 年 6 月 30 日,本研究者对匠心文创、渠成文化出版策划总监柯延婷的访谈记录.
③ 陈夏民.飞踢,丑哭,白鼻毛:第一次开出版社就大卖—骗你的[M].台北:明日工作室,2012:51-55.
④ 根据本研究与南方家园出版社负责人刘子华访谈内容,2015 年 8 月 6 日,本研究者记录.

型的连锁书店,独立出版者更能在独立书店找寻到目标读者群。再者,独立书店与独立出版者都是运作较为弹性化的组织,因而较能有多元化的活动配合。加上现今独立书店蔚为风潮,属于新兴的休闲景点,因此,独立出版者虽在连锁渠道处于劣势,然而却能在独立书店中找到弥补。

5.5 小结:低门槛创造者的场域结构与资本流动

根据上述的论述与访谈结果,我们可以将独立出版者的资本运作状况绘制成如图 5.2 所示。

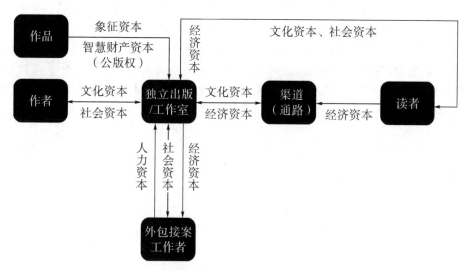

图 5.2 低门槛创造性出版的场域结构与资本运作逻辑

在稿源方面,独立出版者无法像大型出版者一样拥有长期积累的品牌象征资本及经济资本等资源,因而与高知名度作家与作品的合作出版的机会较低。然而,独立出版者通常能发挥其外文与编辑能力,找寻尚未被出版的公版书,或以更有创意的方式操作经典作者的创新面向。这些公版书及作者多数为具长年积累的普世价值认同,因而具备丰厚象征资本,加上公版书能减少独立出版者的经济资本负担,因而能弥补独立出版者无法出版当今知名作者与作品的劣势。在中国大陆,独立出版者与作者、设计者因文化资本的互赏而建立了社会资本的连接,因而多数作者、设计者则以免稿酬的形式与独立出版者合作,成为中国大陆独立出版者多数稿源的来源方式,独立出版者则以提供服务的形式替独立作者出版,并以赠书为回馈。在中国台湾,亦有部分作者或译者因对独立出版者的文化理念认同,甚至一起出资合作出版,共同分担出版的成本风险。这些合作模式皆是因出版者与作者在文化资本互赏下建立社会资本连接所共同完成的,是在综合大型出版社中所不常见的做法。

在制作方面,独立出版者因其为微型组织,多数以外包的形式使用人力资本。弹性化的人力资本合作建立于独立出版主事者的社会资本连接,通过人脉网找寻策划一本书的最佳合作团队。透过弹性化与扁平化阶层运作更能使书籍赋予创新的活力。此外,采用外包人力资本更可以降低固定人力所带来的行政成本,如固定月薪、房租、水电费等。

在流通方面,独立出版者虽然在渠道资源上受限,但因其文化资本的独特性,而在网络社群中直接与读者建立虚拟化的社会资本结合。独立出版者与读者在网络上因文化资本品位相似的连接,让独立出版者能以更直接的方式接触到读者,因此独立出版者比起大型出版者更明白自己具体的读者群。另一方面,独立出版者由于象征资本与经济资本的缺失,因而在连锁渠道无法取得和大型出版者同等的曝光度。然而,独立书店与独立出版者间因文化资本的契合与共通而有了弥补,独立出版者的书籍在独立书店渠道更容易找到共同文化资本的小众读者,并更有市场针对性。

第六章　新市场破坏者：网络原创文学平台的资本运作逻辑

　　网络原创文学分成广义的网络原创文学和狭义的网络原创文学两类。广义的网络原创文学为任何文学形式的作品发布在网络上。而目前靠中长篇甚至超长篇的每日更新连载，依循读者阅读次数进行收费，这类由各大网络龙头企业所争相从事的商业模式，即为狭义的网络原创文学。后者以连载形式进行更新与阅读收费的狭义网络原创文学即为本章所探讨的对象。

6.1　网络原创文学平台的兴起与发展

6.1.1　网络原创文学平台的兴起背景

　　从题材与形式两方面探讨现今网络原创文学的初始兴起背景与因素。就形式而言，网络原创文学的发展，最早是在 BBS 论坛上面连载的作品，早期依循此发表模式在两岸最著名的案例即为台湾作者蔡智恒（痞子蔡）的作品《第一次亲密接触》。其在 1998 年发表于台南成功大学的 BBS 论坛"成大信息所"与"猫咪乐园"两个版。此作品让当时两岸的读者认识到网络原创文学的魅力，尽管它全篇并不长，但已经具备了网络原创文学的雏形。首先，它是文学作品；其次，它是在论坛上面进行创作；再者，其以一两天更新一小段故事的连载形式发布。其实连载模式早在金庸时期即为一种发表形式，只是当时的载体是报刊，如今则为网络平台或论坛。

　　20 世纪 80 年代，许多小说大家如金庸、古龙纷纷封笔，因而直到 2000 年左右的文学小说皆呈现完本的状态。读者有小说阅读需求，然而，市场上的作品数量明显不足以满足阅读需求。从内容题材而言，直到黄易的出现，其以创新的题材吸引广大的读者，也展开网络原创文学题材创新的开端。当时黄易的《寻秦记》即为现今相当受大家欢迎的穿越题材创作始祖。除此之外，黄易亦为玄幻小说的开端者。黄易初出道时，尚未摸索出写作方向，本来打算走武侠小说的路线，但当年博益出版集团的主编赵善琪不赞成走这条路，对他说："你写武侠小说，能胜过金庸吗？能胜过古龙吗？"当时倪匡的科幻小说大行其道，赵善琪遂建议黄易将科幻和武侠结合,开创玄幻武侠小说系列,结果大受读者欢迎,从而开创了玄幻武侠小说一派。①黄易的《大唐双龙传》即为网络小说玄幻题材的始祖代表作品。黄易的作品在台湾以连载形式出版成书,而中国大陆则以盗版的方式复印,后来读者为了以更快速的方式获取小说,加上2000年左右网络与个人电脑逐渐普及,某些网络使用者则以OCR扫描的形式转成电子文档在各网站论坛流传连载。在中国大陆,当时黄易很多的作品连载在"西陆"和"龙的天空"等论坛网站,哪个网站上传快,就能吸引更多读者流量。后来部分网友因等不及连载,就开始模仿,甚至续写及改写黄易的作品,这些作者因受到网友好评后,慢慢转向原创写作。此外,论坛、网站亦会以中介的形式将部分原创作品推荐给台湾的出版社,这些原创作者亦可通过出版赚取稿费。因此,原本因兴趣爱好而写,却意外得到经济的回馈。

然而,上述的模式仅短暂维持了2~3年,2003年左右,由于互联网的无边界性,台湾的读者开始发现原来这些纸本出版物可以在大陆的论坛上免费取得,因而台湾纸本书的销量逐渐崩盘。随后一些规定陆续出台:在台进行繁体出版的作品,在中国大陆的论坛连载不得更新,稿子直接交给台湾出版社。于是,一些走中介模式的网站为了盈利则配合行事,也曾一口气将当时排名前100名的作品直接卖断,因而排名较前的网站与作品陆续停止更新。读者在面临停止更新、无内容可读的情况下,逐渐开始被迫接受网络付费阅读。

6.1.2 网络原创文学的商业化发展

网络原创文学在集体停止更新的情况下,迫使中国大陆读者接受线上阅读付费模式。当时以明扬、起点为代表的一批网站开始反思这一模式。于是,2003年开始网络原创文学的第一次商业模式的变革,即为电子付费。当时,以明扬为代表的一些网站尝试VIP阅读制度,起点也是最早开始跟进和尝试的网站之一。当时采用VIP阅读制度受到用户踊跃的反应,直到今日各大文学网站仍采用此制度。当时用户愿意为之买单的热情是与今日所无法比拟的,当时的付费方法非常困难,不像现今有支付宝、网银,或是话费卡。当时的原创文学网站都是个人网站,因而用户必须采用邮政储蓄汇款给站长,站长则到储蓄所刷存折确认收款,并回到站上替付费的用户账号打上阅读币。然而,就在这么困难的情况下,有很大的一批读者为了能够支持作者,能够不再让作品因台湾一喊停就断更而付出许多心力。这一批读者对于今日网络原创文学的成就来说,是非常可敬的行业的开山者,尽管他们没有创作内容、没有建设网站,但是没有这批读者,整个行业模式也不会发展到如今天般成熟。

---

① 维基百科.黄易. https://zh.wikipedia.orgwiki%E9%BB%84%E6%98%93_(%E9%A6%99%E6%B8%AF)(2015年9月18日访问)。

商业模式的变革是网络原创文学题材和内容发展的第一次分水岭。原先为迎合台湾青少年读者而写的作品,开始转向依循中国大陆第一批愿意为电子阅读而付费的读者的审美品位。第一批电子付费的读者亦为当时最初接触网络的使用者,这一批读者相较于台湾网络原创文学小说主流的读者——青少年,他们更具开阔的视野。因而,主要读者视野的不同亦迎来作品内容与题材的百花齐放。

接着,2004 年,盛大集团收购起点文学网站,解决了当时最令人痛苦的支付问题。读者无须再去邮政储蓄排队付款,站长无须再到邮政储蓄点刷存折来确认收款。盛大以其发展网络游戏的充值卡直接作为网络小说阅读的付费机制。由于当时盛大集团的《传奇》网络游戏在中国网游界的发展如日中天,因此,基本上,在网吧、报刊亭都可以买到盛大的游戏充值卡,所以读者只要买个充值卡刮一刮,输入卡号密码,阅读币(起点币)就直接充值到读者的账号中,即可直接进行付费阅读。此外,因有盛大集团作为支持,更是一种大企业的信誉背书,因而更易取得读者的付费信赖。当时线上支付的规模,在引进了盛大充值卡支付模式之后,盈利瞬间翻了四倍。在起点文学网阅读小说可以使用盛大点卡支付,而其他文学网站仍要跑到邮政汇款,其间的优劣不言而喻。2008 年,盛大集团先后大量收购各类表现杰出的文学网站,网络原创文学业态趋于稳定,并形成一家独大的局势。2013 年,起点创办人吴文辉出走成立腾讯文学,而互联网龙头——百度文学的参与使网络原创文学市场呈现三足鼎立的态势。2015 年,盛大文学的海量内容与腾讯文学的海量用户进行对接,整并而为阅文集团,网络原创文学产业又回到一家独大的局面。

6.2 稿源面的资本运作逻辑

6.2.1 政策资本的红利——先发后审制度的优势

网络原创文学的创作、传播与流通等方式在中国的文化产品与传播媒体中实属特例。如前所述,正规出版物不论是影视、戏剧或图书皆需经过审查制度以确保文化产品内容流通的合适性。传统出版物更必须通过三审三校的流程获取书号,最终才得以出版。然而,网络原创文学的创作与流通颠覆了一般文化产品的生成与流通过程。起点中文网前常务总编辑廖俊华在接受本研究访谈中提道:

> 网络原创文学最早是政策红利。了解整个中国文化产品审核机制的就应该知道,中国的文化产品是一个先审后发的机制,你审核过关了,才能出现在公众面前,出版物也好,影视也好,广播剧、话剧、舞台剧什么都好,一定会先经过审核这个环节。那么,在审核这个环节,就会把很多群

众喜闻乐见的内容给涮下去。①

先审后发制度除了读者感兴趣的内容易被删除外,也由于传统或主流出版物在上市之后,即无修改的余地,因而创作者与出版者也必须对读者的心理揣摩一步到位。然而,先发后审的网络原创文学连载作品较能避免上述两种情况的发生,且在连载的过程中即时与读者互动,即时依读者回应修正故事发展内容,因而作品相较于主流出版物更贴近读者的体验需求。上述两点因素是因主流与传统出版物的审查制度下间接构成网络原创文学的相对优势,因而对于网络原创文学平台而言是一种间接获取的政策资本。网络原创文学具有相对特殊的游戏规则,栖身于网页,借助数字技术完成整个生产、流通和消费流程。它在名义上因网民阅读而体现出随意连接、自由滑动的即时交互性特征。事实上,监管者已逐渐丧失了文本内容的掌控权,成为一个隐退在网络读者群中虚设的角色,整个过程被简化为写作——消费——写作的循环结构。②

关于网络原创文学产品内容与功能,起点中文网常务总编辑在访谈中提道:

> 网络原创文学在中国替代了很多主流文化产品所没有发挥的作用。其中一点就是功能性内容产品的作用,这在主流渠道非常缺失,因为我们目前主流文化产品的价值观比较一元化,不像西方那么多元。主流文化产品在审核时,一些不符合主流价值观的内容与题材就会被剔除,如我想当百万富翁、亿万富翁这类以金钱观为导向的题材,这价值观显然不够正向。而网络原创文学则弥补了主流文化产品的这类不足。③

好莱坞大片、美剧中经常出现负面的故事题材与情节,这么多黑暗的情节作品,这么多负面故事讯息,美国仍为世界多数人向往的国家,全世界娱乐与媒体潮流的中心。反观,正式媒体与文化作品中从未透漏一点负面讯息的朝鲜,却尚未听闻任何一项引起世界风潮的文化作品,或是成为令人向往的移民国度。因此,肯定不是影视文化产品里没有一点负面与黑暗讯息就是绝对正确的。网络原创文学或是通俗娱乐文学作品与主流媒体及文化产品不同的地方在于,让读者得到负面情绪的宣泄与释放。通俗娱乐的文化产品是接近"草根"的,让读者在虚拟的文化体验里缩短现实自我和理想自我的距离,即为"意淫"(网络原创文学界俗称的YY)。

---

① 2015年1月4日,本研究者对起点中文网前常务总编辑廖俊华(碧落黄泉)的访谈记录.
② 潘桂林.读者中心神话与精神生产危机——文学场视域下的网络原创文学生产关系分析[D].//欧阳友权.网络语文学变局[M].北京:中国文史出版社,2014:107-108.
③ 2015年1月4日,本研究者对起点中文网前常务总编辑廖俊华(碧落黄泉)的访谈记录.

此为通俗娱乐文化产品里让人愉悦的根源,而这规律发酵的前提是建立在资源分布不均衡的社会中,导致社会中持有资源相对低弱的族群产生一些负面的情绪。

净网活动《扫黄打非·净网2014》政策的出台,立法严厉打击利用互联网制作传播情色或暴力等信息行为,虽然对于网络原创文学先发后审优势是一种削弱。然而,却是对网络原创文学产业的一项内容升级重要政策。一来扫荡一些依赖情色或低俗内容的写手及小网站,保留真正具创作实力的作者与网站;二来使得网络原创文学的草根性不与低俗和暴力画上绝对的等号。

6.2.2 主流媒体所无法提供的文化资本共鸣与满足

网络原创文学的题材呈现游戏化倾向,一方面网络原创文学普遍强调娱乐与游戏功能,在文体上呈现出轻松、戏谑、搞笑的特征,在题材类型上以近现代文学中的言情、世情、武侠、科幻、侦探、恐怖、探险等为基础,通过发挥网络传播的技术优势,综合运用多媒体的艺术技法,对传统的通俗文学元素进行新的组合与改造,衍生出玄幻、穿越、职场、盗墓等新的文学类型;另一方面网络原创文学与网络游戏之间相互影响与相互渗透,其小说在人物关系、情节、形式、结构等方面呈现出模仿多人角色网络游戏的趋向。① 网络原创文学的题材的多样性与创造力远高于传统主流出版物,因而更能符合普世大众的阅读品味。

心理学家希金斯(E. Tory Higgins)提出的自我认知差异理论,将人类的自我认知分为三个层次:一个是现实自我,即我们现实生活中的样子;第二是理想自我,即理想中的自我所想成为的模样;第三个是应该自我,当在面对一些情况时,我所应该进行的相对应处理。其中,当现实自我与理想自我的差距越大时,人们就会越感到难过、沮丧与焦虑。② 网络原创文学所提供的意淫想象则能缩短现实自我与理想自我的距离,进而缓解读者的焦虑。

从图6.1的读者背景资料可解读到,网络原创文学用户以年龄低于25岁者为主,占比将近50%;职业结构则以工人/服务员/营业员最多,占了1/4,其次则为学生;学历则以初中/高中/职高/中专/技校为主,占比约50%。此统计数据间接应验了网络原创文学用户为"三低"③之说。从社会心理学的视角出发,这些群体被归属在主流规范之外,属于边缘群体,在金钱与升学至上的社会风气中,这些群体普遍在现实生活中面临生存焦虑而使他们感到孤独,网络原创文学逃避现实的情

---

① 黄发有. 消费寂寞——网络原创文学的游戏化趋向[M]. //周志雄,编. 网络文学的兴起——中国网络文学发展文献史料辑. 北京:人民出版社,2014:104-105.
② Higgins E Tory. Self-discrepancy: a theory relating self and affect. Psychological review,1987,94. 3: 319.
③ 三低:低年龄、低收入、低学历.

节成为这些群体转移压力、寻找寄托的重要精神补偿。① 网络原创文学的读者多数为现实自我与理想自我差距较大者,因而在现实生活中会感到难过、沮丧与焦虑。因此,多数成功的网络原创文学吸引人之处在于懂得利用"缩短现实自我与理想自我间的差距"作为创作的故事根基。根据本研究与起点中文网常务总编辑的访谈中提道:

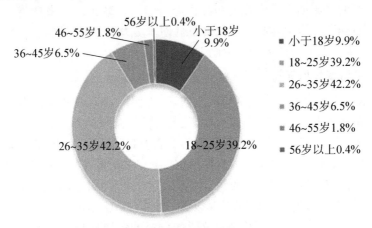

中国网络文学用户年龄结构

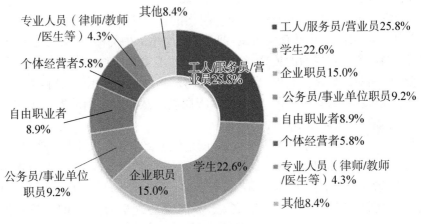

中国网络文学用户职业结构

---

① 黄发有. 消费寂寞——网络原创文学的游戏化趋向[M].//周志雄,编. 网络原创文学的兴起——中国网络原创文学发展文献史料辑. 北京:人民出版社,2014:104-105.

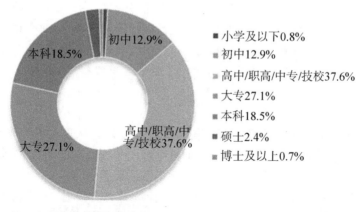

中国网络文学用户学历结构

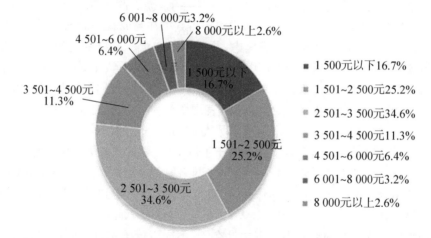

中国网络文学用户月收入结构

图6.1 中国网络原创文学用户背景调查①

一个能满足消费者自我的通俗娱乐文化产品,首先,主角的设置要迎合目标人群,且将主角设置成目标读者的现实自我,而在这过程中让读者感到愉悦的秘密即是刺激读者多巴胺的分泌,进而感到愉悦,而这类激素的分泌方法之一就是自我计划与目标的实现与完成,而文学产品也应该要有同等效果。然而,我们在现实生活当中,由于整个资源分布的不平均而感到落差与失衡,因而现实自我会遇到挫折而产生负面情绪,娱乐文学产品就是要消除这些不愉快并得到宣泄,也就是不断缩短现实自我和理

---

① 易观智库.2013年中国网络原创文学产业年度研究报告.http://www.enfodesk.com/SMinisite/newinfo/meetingdown-id-120.html(2015年10月20日访问).

想自我的差距，那么该文学产品就会让人觉得愉悦，甚至可能成瘾。但我们主流、传统的文化产品都不太能够遵循这样的规律，认为迎合这种心理是比较低级的，而事实上正是因为对于这些心理的巧妙运用，让西方的文化产品非常强大，这其中有一套规律，按照这规律行事，人将一步步被洗脑。①

草根大众的焦虑基本上源于各种资源的分配不均。从现实生活来说，资源分配不均是长期存在的，因此草根大众除了自身努力外，也寻求其他方式来消弭焦虑感，虚拟的文化产品体验则为方法之一。网络原创文学中许多文章可被归类为"等级文"②，透过主角升级往上攀升的故事情节让读者有所投射，间接刺激读者的多巴胺进而生愉悦感。这种愉悦体验暂时稀释现实中资源分配不均衡所带来的焦虑。网络原创文学在此类文化特性吸引的条件下，提供读者降低焦虑感的功能。多数网络原创文学阅读者为现实生活中渴望得到关注与成就感低的市民小卒或青少年，这一群人在现实生活中充满焦虑，并感到不如意。多数主流媒体所提供的内容其实并不符合他们的文化认可与心灵慰藉。在娱乐资本、消费时尚和寂寞心理等条件的结合下，社会群体普遍的内心焦虑成为流行的传播动力，以及一种强大的网上消费潜力。网络原创文学的表现手法和价值观是多元化的，一定程度上超出了传统审美习惯，显示出追求另类、奇异、怪诞的当代文化特征，以及某些逆传统的特性。③ 网络原创文学不同于主流媒体，题材提供无限的想象如"废材逆袭"文、"金手指"文、"总裁"文、"打脸"文（网络原创文学用语）④。网络原创文学题材与故事套路不同于主流文学作品，让充满焦虑的读者得到投射与慰藉，成为读者的心灵寄托。

网络原创文学的内容吸引读者之处在于，不同于传统主流出版媒体经过三审三校后，许多符合读者心灵需求与品位的内容则无法呈现，然而网络原创文学如同前述更符合读者心灵阅读与娱乐需求。根据表 6.1 所示，网络原创文学小说所出版的内容更偏向于纯娱乐性，且显著高于国有出版单位、民营图书公司以及独立出版者（$P<0.05$）。在中国大陆出版物经过审查后对于读者来说娱乐性会削减，但网络原创文学属于先发后审，其内容更强调享乐性，且更能保留读者的娱乐品味。

---

① 2015 年 1 月 4 日，本研究者对起点中文网前常务总编辑廖俊华（碧落黄泉）的访谈记录.

② 都市类：小职员升级到高级职员；宫廷类：宫斗从婢女到皇后；玄幻、仙侠类：低等小人物修炼升级到仙怪等级；历史类：九品官员升等到一品官等等题材.

③ 马季. 网络原创文学审美特征考察. 中国作家协会创作研究部，编. 网络原创文学评价体系虚实谈——全国网络原创文学理论研讨论文集. 北京：作家出版社，2014：82.

④ 注："废材逆袭"：弱者主角逆转胜打败强者；"金手指"：即得到一种独一无二的道具，让主角快速累积能力、金钱等；"总裁"文：高富帅与平凡女子相恋；"打脸"文：主角最终战胜反方并使其丢脸.

表 6.1　不同出版类型致力于出版"纯娱乐性"作品的程度比较

不同出版类型致力于出版"纯娱乐性"作品的程度比较 Tukey HSD				
(I) 单位类型	(J) 单位类型	均值差(I-J)	标准误	显著性(P)
网络原创文学(小说)平台	国有出版单位	2.931	0.556	0.000
	国企控股的民营单位	2.602	0.705	0.004
	民营图书单位	2.484	0.618	0.001
	工作室	2.061	1.172	0.495
	独立出版者	2.602	0.836	0.025

6.3　制作面的资本运作逻辑

6.3.1　以低经济资本风险获取大量作者象征资本集合的平台制度

自网络原创文学诞生以来,因其进入门槛低、创作方式便捷,吸引大量文学爱好者加入创作队伍,造成网络原创文学写手规模庞大和作品种类多元的行业特点。根据统计,2013 年 7 月,单就盛大文学旗下的 7 家小说网站(起点中文网、红袖添香网、潇湘书院、榕树下、小说阅读网、言情小说吧、晋江文学城等)即拥有 16 万写手注册从事写作。中文在线旗下的 17K 中文网、四月天言情小说网的写手数量超过 10 万,百度旗下的纵横中文网、多酷文学网写手注册人数则约为 5 万人。此外,腾讯创世中文网、幻剑书盟等网站也拥有大量签约作者。截至 2013 年,中国大陆注册写手总数超过 200 万人,签约写手约 150 万人,其中 2 万~3 万人能从中获得经济收益,3 000~5 000 人从事专职写作。专职写作者月收入少则 1 000~2 000 元,多则 10 万元以上。此外,截至 2013 年,起点中文网、小说阅读网、红袖添香、榕树下、潇湘书院、幻剑书盟、纵横中文网、17K 小说网、晋江文学原创网、逐浪网等 10 个网站,合计将近 714 万部作品。① 网络原创文学 2013 年的产业收益达 40 多亿元,2014 年约达 62.6 亿元,2015 年则约达 73.1 亿元;阅户规模截至 2013 年底,网络原创文学活跃用户达到 4.3 亿人。② 这个产业汇集 200 万庞大的原创者,生产超过 713 万部作品,拥有 4.3 亿用户,预估创造约 73 亿元的经济效益。然而,能成为专职稳定收入的写手却仅占 0.2%,不到百分之一,属凤毛麟角。由此数据显示,网络原创文学平台能以相对低的经济资本汇集庞大规模的原创作者与作品,然而营收仅来自金字塔顶端少数作者与作品的不对等关系。

---

① 欧阳友权.网络原创文学五年普查(2009—2013).北京:中央编译出版社,2014:17-37.
② 易观智库.2013 年中国网络原创文学产业年度研究报告.http://www.enfodesk.com/SMinisite/newinfo/meetingdown-id-120.html(2015 年 10 月 20 日访问).

起点中文网以一台集资购买的简陋服务器和几千元营运经费起步,在5年后,迅速成长为中国大陆网络原创文学爱好者的重要集散地。2008年,起点收录原创作品达20万部,总字数达120亿;拥有驻站作者15万余人,且以每月8 000人的数量持续成长;注册用户2 000万人,每日页面访问次数为2.2亿次,流量排名居于全国网站30强。① 这傲人的数字显示了网络原创文学平台的聚合力,以一个起步为低成本的平台,吸引了出版界中最重要的两端人群——作者群与读者群的汇集,将出版业需经过原创、制作、配销、消费阅读的产业链在一个平台中被一步完成。

网络原创文学创作与传统文学另一个不同点在于作者来源,以及与作者合作、出版的方式。传统出版由编辑作为守门员,把关最终哪些作者、作品值得出版成册,并在市场上流通。这样的出版流程里会出现两大问题:第一,编辑品味不完全等于市场品味,因而是以编辑个人的文化资本偏好与审美趣味作为衡量依据;第二,传统出版必须在不知市场反应的状况下先预付版税给作者,且耗费一笔经济资本在未知市场反应的内容上做大量的复制、流通与配销。从上述两点可以看出传统出版流程中投入经济资本所存在的风险。然而,网络原创文学与传统出版合作与出版模式完全不同。首先,网络原创文学的把关者是读者本身,所有网络原创文学写手起初在平台上写作是以完全免费的方式供读者阅读。在免费供读者阅读的阶段,作者是没有收益的,网站仅提供一个平台供作者发表与传播文章,只有等到读者的点击量受到平台认可后才会进行签约,也只有进到签约阶段,平台才会替作者开VIP②,开启VIP的作者与作品才开始有营收,营收后作者与平台两方依分成比例拆账作为双方收入。

从上述传统出版与网络原创出版两类的模式与制度可看出两者之间经济资本付出的风险差异。传统出版模式风险远大于网络原创文学平台在于:第一,传统出版的守门人为编辑,然而编辑无法一步到位地精准抓到读者的阅读品味,而网络原创文学的守门人是读者自身,只有受到读者肯定的作品与作者,平台才会与作者签约进入VIP作品区。前者以编辑群等少数人的文化资本品味作为出版与经济资本投入的衡量依据,后者则是将经济资本的投入与否的选择权交由消费者自身。第二,传统出版物必须在尚未得知市场回馈下进行庞大的资本投入,如预付版税、印制、营销、配销等费用。然而,网络原创文学平台是依读者点击量决定是否与作者签约。因此是平台商依读者的阅读品味决定是否有意愿投入经济资本与作者签

---

① 解放日报.起点中文网依托互联网平台开创文学创作和预读新天地[M].//周志雄,编.网络原创文学的兴起——中国望축文学发展文献史料辑.北京:人民出版社,2014:245.

② VIP制度:平台签约作者,其作品进入VIP的阅读管辖领域,读者必须依阅读章节进行付费才能阅读VIP作品。平台与作者则以读者付费后的收入做分成拆账.

VIP合约。此外,尽管是签约VIP作品,若阅读营收不到一定的盈利额度①,平台则不进行分成,营收全归平台所有。此外,除了阅读收费机制外,平台另外还有打赏与月票等方式进行收益,因此比起传统出版单位仅靠售书的收入渠道更多元化。

本研究访谈到阅文集团的高阶主管与各部门的工作领导,多数人皆认为:

> 盛大文学旗下各个平台最重要的资源为作者、作品,多年来经营的作者为平台创作源源不断的作品吸引读者,以及这些作品又是能被源源不断地开发成各类文化产品的初始IP。②

由此可见,金字塔端上作者与作品的象征资本对于网站平台的重要性。通过他们的象征资本一来能吸引读者,二来能促使智慧财产资本(IP)转换开发为其他文化产品,并多元开发营收方式。然而,如前所述,这些资源一开始皆以极低成本的方式汇集到平台,直到具有一定规模的读者阅读共鸣后,才会签约VIP并投入经济资本。

6.3.2 以读者文化资本为主导的审美阅读品味

"以读者为中心"的取向为网络原创文学带来极为重要的影响,且该特征体现在以下两方面:第一,作者在作品构思、酝酿、写作中对读者进行的"预设",创作中存有"读者"意识。由于网络原创文学阅读偏好差异化现象大,作者在创作之初就会主动考虑作品对接的读者群,据此选择合适的网站与文体风格,以赢得读者的青睐。第二,在整体作品更新、完善过程中,作者与读者充分互动,每更新一个章节,都会得到广大读者丰富、及时的反馈,并在接下来的写作中考虑读者的意见和建议,努力满足读者需求,与读者相辅相成。③ 如下文所示,即为读者末代公主对于《盛唐崛起》的意见与评论。

> 《盛唐崛起》这本小说写到了二十万字,作为一本优秀小说(必需的!),凤头应该已经展开,庚新依旧保留着他自己的笔风,例如主人公特点爱恨分明,天生神力,思维缜密(萝莉控?),这些依稀保留着庚新早前小说主人公的特点,对于喜爱庚新小说的读者来说熟悉之感扑面而来。但

---

① 某知名网络原创文学平台的编辑透露,为了省去繁复的分成计算,该文学网站作品至少要收益高于500元才会进行平台与作者收益分成,若作品阅读收益低于500元仍归平台所有。
② 2015年1月5日,本研究者对阅文集团副总裁汪海英、无线合作部产品总监张潇、无线产品部总经理杨波的访谈记录。
③ 欧阳友权.网络原创文学五年普查(2009—2013)[M].北京:中央编译出版社,2014:122-123.

是作者相对于之前作品,增添了新的元素,例如阴谋斗争、侦破案件,伏笔不断。这些都是抓住读者求索真相、满足好奇心的特点。前期村口命案,夜探弥勒寺,孤叶县遇袭,县衙遭袭,鸿福客栈神秘人,这些一个接着一个的事件让读者应接不暇,也为这本小说后续情节展开做足了准备。

但在这开头二十万字中,也有不足的地方。比较明显的就是主角杨守文弟弟杨瑞的改变,由矛盾到平就是一顿调(毒)教(打),之后杨瑞就对杨守文言听计从,感觉有点快,不过考虑到杨瑞只是个十几岁的孩子,也就释然了。我还有点担心的是庚新伏笔铺埋得有点多,怕这撒出去的网,不能都收回来,真是让人既满心期待,又有点惴惴不安,不过这也正是庚新的小说的魅力所在。①

上述的例子在各大文学网站比比皆是,这种及时性的读者回馈是传统出版所无法达成的,上述因素也说明为何网络原创文学比起传统出版物更符合多数读者的文化资本审美品位。相较于传统出版物,网络原创文学的即时性更贴近为读者的文化资本审美品位所量身订制。

网络原创文学与传统文学创作最大的不同在于,传统文学和小说是一种完成后再出版流通与传播的文化商品,而网络原创文学作者则是以段落篇章形式逐步上传至平台,读者因对作者、作品审美品位的欣赏而追更一部作品,甚至读者能引导作者的创作方向,这种引导能使作品更符合读者的文化资本品位。传统出版物不同于网络原创文学作品,必须经过编辑筛选,且在未知读者反应的情况下即耗费庞大成本进行大量复制与流传,因而相对较不易掌握读者的审美需求,相对出版的风险也较高。网络原创文学是一种基于"粉丝经济"的文学,粉丝既是过度消费者,也是积极生产者,他们是作者的收入来源,也是其创作的智囊团。② 下文则为《花豹突击队》的读者与作者的留言互动内容。

读者小弟蚂蚁留言:

这书不错,看了一些,好似闭上眼睛就能浮现出画面,开篇着实感动到了。是一种让人哽咽的感动,文字像是一壶陈年的老酒,辛辣刺喉,浑厚香醇。不过可能我看不了让人太过哽咽的情节,很难放松身心,只能说是喜好不足。虽然不能追文,但可以挑些情节来看,给些订阅支持一下,不然就真的太可惜了。我在想,万林跟小花的感情,是一种没掺入现实中

---

① 末代公主.浅谈《盛唐崛起》. http://forum.qidian.com/NewForum/Detail.aspx?ThreadId=254392311(2015年10月20日访问).

② 欧阳友权.网络原创文学五年普查(2009—2013)[M].北京:中央编译出版社,2014:123.

复杂人性的兄弟情谊,一种很纯粹的东西,这样的东西有时候更能让人心甘情愿地付出一切去维护。这本书阐述了什么呢?尊严?荣誉?恩情?还是生存?我想不能用单一词语来表达,许多未尽之言,像一片看不清的迷雾,我不敢去深究,生怕自己会陷进去。先收藏起来,心情复杂时偷偷看一点,谢谢作者的好书。

读者满酒杯留言:

谁说网文里只有套路?谁说网文里只有小白?看过竹香的书之后,能感觉到各种复杂的情感在流淌,在碰撞,说明这是一本用心写出来的书。非常非常棒!

作者竹香书屋回应:

确实,这本书在阐述什么呢?在写这本书的时候,我的眼前经常出现一批从硝烟中走来的特战官兵,我只想把自己心中的特种兵展现出来,把这些跳跃在我心中的特种兵的战斗和生活呈献给大家。写到现在,能得到朋友们的一路支持,我很满足了,真的谢谢大家了。①

读者与作者直接在书评区互动,读者发表读后感想与意见,作者立即得到其作品的回应,并给予读者回应。这样的交流方式,一来读者也成为作品的意见提供者,如前所指的"智囊团";二来及时市场反应给予作者最有效率的回应,并作为后续创作的修正参考。这种读者与作者直接互动的交流方式,是传统出版线性产业链所无法达成的。

实体出版物是一位作者的创作,网络原创文学则是作者与读者互动下的产物,所以是几十个人、几百个人的作品。由于集结更多人的意见与品味,所以内容的丰富度以及作者与读者贴近性更高,这也说明了网络原创文学以读者文化资本为主导的阅读审美品位特性。

网络原创文学的传播与接受机制,跳脱了纸本传播时代的文学出版的限制,读者化被动的"内容接收"为主动的"内容建议及传播"。尤其,"内容建议"更是网络原创文学成功的关键要素,读者最期待的无非是故事剧情依循着他们所设想的模式画下句点,这也是在纸媒传播时代中发言权掌握在少数作者及编辑手中所无法实现的。

---

① 《花豹突击队》评论区. http://www.17k.com/book/524383.html(2015年10月20日访问).

6.4 流通面的资本运作逻辑

6.4.1 以文化资本差异进行选题市场区隔

电子媒介能把社会变回统一的整体,让我们回到了听觉的空间,我们得重新建构原始感觉、部落情感,这些感觉和感情是在写作和印刷发明前就产生的文明。麦克卢汉则将这个概念做系统化论述,并提出**"部落化—非部落化—重新部落化"**的公式。① 此公式从媒介演化的视角去概括人类社群形态,该公式所相对应的媒介传播形式即为,**"口语传播—印刷文字传播—网络文字传播"**。部落化为前印刷时代,即口语传播时代,在此时代,人们处于部落化的状态,由于条件的限制,交流更多局限在语言符号的层面。语言本身的局限性,只能使信息在小范围内传播,每个个体都可担任传播者与媒介的角色,所形成的社群形态是一种部落化的形式。然而,文字的出现,尤其是印刷技术的发展带来了视觉的延伸,一种线性的、逻辑的、阶层化、精英化的社会心理得以呈现,这是一个借由印刷技术带来的知识中心的"去部落化"时代。此时代的兴起是基于宗教的需求,传播与媒介服务于宗教,因而掌握传播发言权的仅是少数的大型媒体,多数人仅是被动接受者的角色,此时代的传播社群形态为非部落化形式。而如今,进入了网络传播时代,以电子媒介为载体的网络时代,跳脱了文字印刷以集权媒体为中心的时代,实现了**"处处是中心,无处是边缘"**的去中心化概念,也形成了麦克卢汉所谓的"重新部落化"传播社群形态,而与口语传播时代不同的是,在电子媒体时代的部落群体是建构于网络上,社群参与者是来自于不同实体空间的各方人士,并在网络上参与其所感兴趣的社群部落,并在该群体中交流互动,因而人类社会进到"重新部落化"。网络原创文学即是建立在重新部落化形态下的文学产物。

除了媒体传播与资讯接受方式使得社会形态的"重新部落化"外,网络原创文学之所以为"重新部落化"时代下的文学产物,从平台阅读主题分类亦可体现。网络原创文学平台将文学作品依类型做划分,作者可针对该作品的题材选择所属的类型进行创作,读者亦可根据分类选读符合其文化资本审美趣味的内容。如图6.2所示,网络原创文学平台的分类机制,更有效地将相对应的传播者(作者)与接收者(读者)归类至同一个部落群体中。甚至,某一作者的某一部作品就可以形成一个"部落"。在各个部落中,所有参与者都有发言与传播的权力,这与口语传播时代的模式雷同。其中,不同的是通过网络的传播,其效益摆脱实体空间的距离限制达到无远弗届。

---

① [加]马歇尔·麦克卢汉.理解媒介——论人的延伸[M].何道宽,译.南京:译林出版社,2003:11.

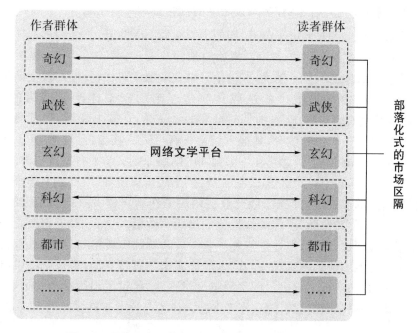

图 6.2　网络原创文学平台：以文化资本做部落化式分类

重新部落化式的市场区隔中以文化资本差异作为题材划分,让文学走向多元化的大门。在过去的文化体制里,文学是属于专业作家、编辑、评论家的事情,文学创作、阅读与评论仅属于少数精英的文化活动。我们甚至可以说,纸本传播时代,这种由少数人决定的方式会成为市场发展的局限,只有通过依循不同样态的文化资本品味做市场区隔机制,并达到成熟的供需配对,才能有效满足不同文化资本读者类型的审美需求。以阅文集团为例,旗下拥有数个文学网站,每个网站都有其特定的受众群,如起点中文网的目标客户群更聚焦于男性;晋江文学城与红袖添香的目标客群则为女性,其中前者更侧重少女,后者则是轻熟女;榕树下则较偏向文青风范,更贴近传统题材爱好的受众群。从这些市场区格的分类,可以理解到网络原创文学平台业者对于各类文化资本与审美形态的渗透性与掌握度。各个文学网中又依题材做分类,进行更深一层的文化资本品味细分。通过线上出版平台将作品进行区隔,就算是再冷门的题材,也会有作者尝试撰写;同样地,再冷门的题材也有读者尝试阅读,甚至热情支持。平台成为一个开放的媒介,将庞大的作品依读者的文化资本、审美趣味进行部落化式分类,让所有读者都能迅速找到他感兴趣的故事及作者。①

---

① 陈威如,余卓轩.平台革命[M].台北:商周出版社,2014:136.

6.4.2　网络平台与社群：作者与读者间的社会资本对接场域

从石板、竹帛、纸张到电子载具，即便出版载体不断演进，然而阅读的体验需求从出版产业开始发展的 500 多年以来始终未曾改变过。500 多年来，出版产业的转变多停留于载体的演化。然而，在这信息科技颠覆的时代，传播与接受的形式亦随着变迁，这也使得出版产业从载具演化逐渐朝向整体产业结构的颠覆。2011 年，亚马逊直接签约作者，他们对世界的看法是：在图书领域，只有两个环节是不可或缺的——作者和读者，其他一切都可有可无。其实，亚马逊 2011 年的去中介化（disintermediate）概念早在中国大陆的网络原创文学平台发挥得淋漓尽致。如图 6.3 所示，不同于亚马逊仍旧维持"线性"出版价值链，网络原创文学平台将以"弯曲"价值链的形式，让原先出版产业链两端的作者与读者直接实现无缝对接。网络原创文学平台"弯曲"了传统线性化的出版产业链。这么一来，它所塑造出的产业变革意义深远——原本处于传统产业链最两端的作者群与读者群，直接与对方接触了。源源不绝的创意源头与广大的读者市场直接互动，多样化的供给和多元化的需求，正巧匹配了起来。网络原创文学平台，跳过了出版社的关卡，让读者直接与文化资本气味相投的作品、作者融合。作者与读者亦直接在网上建立"巧连接"的社会资本。

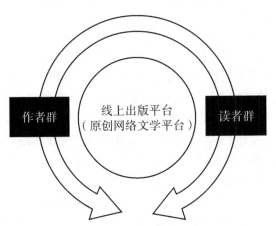

图 6.3　网络出版平台"弯曲"了出版业的价值链：
作者与读者社会资本连接①

下文为起点中文网的白金作家天蚕土豆给读者的留言，留言中提及作者与书迷间将组成一个"天府"大家庭，显示作者与读者间的社会资本联系如同大家庭般的情感建立，这是传统作者与网络原创文学作者在与读者互动方面最大的差异。

---

① 陈威如，余卓轩.平台革命[M].台北：商周出版社，2014：37.

传统出版作者因中间夹着出版社、渠道商等角色,作者与读者间因产业链而产生很大的距离。然而,网络原创文学读者与作者在网上直接建立了社交关系,除了在文学网站上留言与互动外,读者间会私下以 QQ 群的方式组成书友群、读者群,在群中相互分享读书心得,甚至读者会为作者、书友群或小说角色绘制人物像。

白金作者天蚕土豆发起的【斗破书迷的一个平凡而温暖的家】留言:

我们有个共同的名字叫【天府】!!!

从去年开始,就有人提议我们豆迷的总称到底是什么?半年的时间过去,经过不少斗破读者的集思广益,我们终于敲定了总称。【天府】取自天蚕土豆之中的首字,而土豆也正是四川籍贯,四川号称天府之国,两者相合,故而称之【天府】。

在此,也感谢花季、小呆以及所有为斗破粉丝名字出谋划策的诸位同学……因为,【天府】的诞生是由你们所想并付诸行动!!!话不多说,感谢豆迷们对土豆与斗破长期以来的支持,更新的问题,半年多的表现,也应该值得大家的信赖,所以以后不用再担心,土豆会努力地保持,并且给予所有读者,一个的故事。以后,所有的斗破兄弟姐妹,我们有了一个共同的名字,一个共同的家。它的名字,叫【天府】!

我自横空出世,定当天府称雄!!

沙场千军魂丧,浩瀚万马莫敌!!

这个家,需要我们共同维护,也真诚地希望,我们能够患难与共,风雨同舟。

斗破已经将近两年,希望大家不会认为我们的这个家出现得太晚。

2011.3.17 天蚕土豆

PS:小呆同学的【天府头像】定制群:{106-478-377}!!支持土豆,愿加入【天府大军】的兄弟姐妹们,可进群定制头像!!①

起点中文网前常务总编辑廖俊华(碧落黄泉)在访谈中提到,网络原创文学要成功,相当依赖粉丝经济,并提出操作粉丝经济有以下几个阶段:

第一步,引发内心的共鸣,把虚拟或是现实的偶像包装为你的心灵伴

---

① 起点中文网.斗破苍穹书评区.http://forum.qidian.com/NewForum/Detail.aspx?threadid=145455229(2015年10月21日访问)。

侣。第二步,因心灵伴侣而加入团体,比如喜欢某一个作者或作品因而成立粉丝俱乐部、书友会。群中同好一起对作者与作品进行交流,集体开始影响个体,粉丝团体让粉丝有一种归属感,粉丝被集体洗脑,因而原先的利己目标被替换成利他的群体目标。第三步,因利他的目标与团体目标的洗脑,产生了自我牺牲的快感,就会成为消费群能力最强的粉丝。①

读者变成粉丝的第一步,即是网络原创文学提供读者符合消费者心灵、不同于主流媒体、主流社会的文化资本共鸣所产生的吸引力。第二步加入书友会,同好与作者间在网络社群中建立社会资本连接运作,原本因小说阅读体验的利己本我目的被社群中的集体目的所替换,如传播作者知名度、打赏、月票打榜等。李斯曼在《寂寞的群众》一书中对于游离于主流规范外又缺乏必要身份定位与文化认同者的性格描述:"所有他人导向者的共同点是以同时代人作为个人的人生指南,不管他对这些人有深入了解还是道听途说,也不管是通过朋友介绍还是来自大众媒体灌输。依靠外在的精神来源指导自己的人生,已顺理成章被'内化'为一种早已形成的自我意识。"②李斯曼的这段描述精辟地阐释了网络原创文学读者追随他人建构自己的目标,这一现象也造就了许多知名网络作家。商业资本家利用此现象加上网络传播快速、广泛的优势,以排行榜为手段推高点击率,鼓励并利用网民的盲从与跟风现象,进而进入了粉丝经济的第三步,社群中粉丝因在集体目标被建构后产生了自我牺牲的超我使命感,通过对群体目标的牺牲而产生快感,如牺牲时间与金钱来光荣作者、传播作品。进入此阶段的网络原创文学价值才能最大化。如表6.2所示,"烟灰黯然跌落"即为起点白金作家耳根的头号粉丝,表中显示该粉丝的粉丝值为144 494 510,这数值代表该粉丝打赏给耳根《我欲封天》这本书的起点币,100起点等于1元人民币,换算成人民币,该粉丝投入了14万元多支持该部小说。

网站经营很大程度上利用了"粉丝经济",或称为"有爱的经济学"。粉丝既是"过度的消费者",又是积极意义生产者。他们不仅是作者的衣食父母,也是智囊团和亲友团,和作者形成一个"情感共同体"。③

---

① 2015年1月4日,本研究者对起点中文网前常务总编辑廖俊华(碧落黄泉)的访谈记录。
② David Riesman, Nathan Glazer, Reuel Denney. The Lonely Crowd[M]. New Haven: Yale University Press,1950:22.
③ 邵燕君.媒介新变与"网络性"[M].//中国作家协会创作研究部,编.网络原创文学评价体系虚实谈——全国网络原创文学理论研讨论文集.北京:作家出版社,2014:200.

表 6.2 起点中文网白金作家耳根作品《我欲封天》粉丝榜①

排名	粉丝昵称	粉丝值	折合人民币(元)
1	烟灰黯然跌落	145 003 484	14.5 万
2	Fning	11 114 894	1.1 万
3	若风临渊	3 655 149	3 655
4	Renym	3 338 937	3 338
5	求魔厄苍	1 732 635	1 732

2010年8月,《凡人修仙传》获取网络原创文学史上的第一个1万元打赏;2010年11月,《重生之贼行天下》获取了第一个10万元打赏;2013年8月,《星河大帝》获取了第一个100万元打赏等例子。其实这些例子绝非偶然,且不在少数。打赏是粉丝基于对作品或作者的喜爱及价值认同,在荣誉感、参与感、责任感、成就感等不同心理机制的驱动下,参与自我身份建构与粉丝社群文化建构的符号消费。② 资深粉丝是出于对符合个人文化资本与审美趣味的作品欣赏所形成,出于对该作者与其他读者的价值认同而成为粉丝,在围绕着以作者、作品为核心的网络社群中建立社会资本,一方面对社群文化进行建构,一方面又对自我的社群地位进行身份建构,其最终目的是为了增加自己在社群内相较于他人对社群的贡献度,从而进入社群核心。在整个过程中,荣誉感(例如作者/作品月票名次)、参与感(例如与作者交流的机会)、责任感(例如维护群荣誉、保护喜爱的作者)、成就感(例如进入粉丝榜)推使着读者成为粉丝,成就最终狂欢式的快感消费。

6.4.3 象征资本与智慧财产资本掌握下的泛娱乐化跨场域运作

根据中国互联网络信息中心(CNNIC)《第36次中国互联网络发展状况统计报告》,截至2015年6月,网络原创文学用户规模较去年底略有减少,为2.85亿人,较去年底减少了918万人,占网民总体的42.6%。③ 中国互联网络信息中心(CNNIC)《2010年中国网络原创文学用户调研报告》数据显示在整体网络原创文学用户中,有9.4%的用户在网络原创文学阅读过程中产生过花费,剩余的90.6%皆未在阅读过程中付过费,其中,又有62%的读者认为能在网上找到免费的版本,因而没有

---

① 《我欲封天》粉丝榜. http://www.qidian.com/Book/3106580.aspx(2016年4月13日访问).
② 黄艳明,姜海月.网络原创文学消费者打赏意愿研究[J].广角镜,2015(26):257-259.
③ 中国互联网络信息中心(CNNIC).第36次中国互联网络发展状况统计报告.http://cnnic.cn/hlwfzyj/hlwxzbg/hlwtjbg/201507/P020150723549500667087.pdf(2015年10月28日访问).

必要付费。① 由此数据可见,网络原创文学单靠阅读收费的营收是有限的。此外,网络原创文学的读者正逐渐流失,原因在于智能手机的出现,加上网速的精进,网络原创文学必须与视频、综艺节目、App游戏等多元娱乐相互竞争读者的消费时间。消费者花费时间阅读纯文字的网络原创文学比例逐渐降低,取而代之的是更具视觉震撼与娱乐体验的多媒体类文化产品。此外,阅文集团文学网站陈总监在访谈中提到,百度利用避风港原则,在法律的灰色地带间,默许读者以盗版的方式免费传播作品给其他读者阅读,间接耗损了正版网络原创文学作者与平台的收益。② 因此,网络原创文学平台与作者若仅单就阅读收费的利润回收是有限的,全版权运营则是网络原创文学转化盗版危机为转机的新模式。盛大文学前 CEO 侯小强曾说,网络原创文学的全版权运营就是建立一个多元业务的完整产业链,使纯粹的网络版权经营拓展到实体出版、游戏、音乐、影视、动漫等多个环节,实现价值的最大化。③ 欧阳友权教授则做了更深入的阐释,他认为,文学网站"全版权"采用不同媒介的多种版权方式做全方位运营,即把网络作品转让给电视、广播、手机、纸媒、网游、动漫等不同传媒领域,通过网络原创文学、声音、影像、表演、视频等表现手段,对作品进行全方位、多路径、长链条的版权经营,在满足受众市场细分需求的同时,让网站、作者和作品经营者一并获得商业利益。④ 上述所谓的全版权模式即为当今网络原创文学界与出版界的热点——全 IP 开发。此种模式不再仅是依赖阅读付费作为收益,因此能减缓盗版所带来的威胁,甚至可以将盗版乐观地视为网络上读者自行帮原作品 IP 打广告,因为只有受欢迎与有价值的作品才会有读者愿意进行盗版,这也间接地证明了该作品在消费端受欢迎的程度,为该作品的全版权 IP 开发做了最有利的价值提升与加分作用。

　　在全媒体时代,媒体成为社会建构的主流,而媒体的动向亦会影响多数产业的趋势,尤其是文化产业这个强度依赖媒体赋予价值的产业。因此,不可否认媒体的发展动向与文化产业的发展趋势息息相关。早在 1978 年,麻省理工学院的尼古拉·尼葛洛庞蒂(Nicolas Negroponte)就用三个相互交叉的圆环演示了计算器工业、出版印刷工业和广播电影工业趋于重叠的聚合过程,并且预见交叉部分将会成为成长最快、创新最多的领域。这是早期的文献,其将个别的产业以图式描绘彼此

---

① 中国互联网络信息中心(CNNIC).中国网络原创文学用户调研报告.https://www.cnnic.net.cn/hlwfzyj/hlwxzbg/201108/P020120709345276389530.pdf(2015 年 11 月 01 日访问).
② 2014 年 12 月 16 日,本研究者对阅文集团文学网站陈总监的访谈记录.
③ 夏茗.盛大模式造福文学——访盛大文学 CEO 侯小强[J].计算机世界报,2009-12-07:27 版.
④ 欧阳友权.当下网络原创文学的十个关键词[J].求是学刊,2013(3):127.

间相互靠拢并融合。① 近几年,不断有西方学者对"媒介融合"做出界定,较具有代表性的观点是美国新闻学会媒介研究中心主任安德鲁·纳齐森(Andrew Nachison)将"媒介融合"定义为"印刷的、音讯的、视屏的、互动性数字媒体组织之间的战略的、操作的、文化的联盟。"② 这一概念是随着信息技术和通信技术的应用和普及所生成,并从以前的"跨媒体""多媒体"逐渐衍生出来的。由上述两位学者的理论演示,我们可以清楚发现,尼葛洛庞蒂提出了产业融合的概念,而纳齐森更进一步将产业深化和细分,并融合现今无所不在的通讯媒体。其实媒体融合的内容即为文化产品的内容,而融合的手段依赖的是网络平台及电子媒体。文化产品为高风险产品,若透过产业融合,则能提升其营销力,壮大彼此的实力,借此降低文化产品在市场上的风险度。

在网络及媒体普及化的社会时代,竞争的模式已有所改变,不再如布尔迪厄时代那般以争夺资本及斗争为主要手段,而是以融合取代斗争。此外,格雷格赫恩(Greg Hearn)等人在其发表《从价值链到价值创意生态》(*From Value Chain to Value Creating Ecology*)的文章中曾提到,价值创造的生态系统就是创意产业发展策略的三个转变:一、从消费者到价值的共同创造者。二、从产品价值到网络价值。三、从竞争到合作性竞争。③ 从这三项转变可看出,通过融合及合作并共创价值将是文化产业的目前趋势,而价值创造的生态系统即为各项文化产业通过融合所形成的综合型场域。因此,与其思考网络原创文学作品如何与影视、游戏等更吸睛的娱乐产品竞争消费者时间,不如思考文学作品如何与这些娱乐产品做跨场域、泛娱乐化整合。如前所述,在媒体融合的时代,合作已逐渐取代竞争成为产业的另一种商业模式。近年来,文化产业的产出方式及界线亦渐渐模糊,各产业间握有其原有的优势资本,通过合作的方式逐渐趋向跨领域的整合发展,跳脱过去各自为政的独立场域,也摆脱了以斗争为主的竞争方式。目前常见到产业间透过其所握有的优势资本在各场域流通而结合成范围更大的场域,进而最大化核心创意的经济效益。根据本研究问卷调查结果表 6.3 显示,网络原创文学业者相对于传统出版业者更具有资源进行跨领域资源整合,且达显著差异($P<0.05$)。此数据也进一步证明网络原创文学在跨场域进行文化产业泛娱乐发展的投入。

---

① Brand Stewart. The Media Lab: Inventing the Future at MIT[M]. New York: Viking,1987.
② Andrew Nachsion. Good Business or Good Journalism? Lessons from the Bleeding Edge[M]. Hong Kong:The World Editors' Forum,2001.
③ Greg Hearn, Simon Roodhouse, Julie Blakey. From Value Chain to Value CreatingEcology-Implications for Creative Industries[J]. International Journal of Cultural Policy,2007,13(4):420-425.

表6.3　不同出版类型在争取文化产业相关的"资源整合或异业结合"能力比较

不同出版类型在争取文化产业相关的"资源整合或异业结合"能力比较 Tukey HSD				
单位类型(I)	单位类型(J)	均值差(I-J)	标准误差	显著性
网络原创文学（小说）平台	国有出版单位	2.200	0.562	0.002
	国企控股的民营单位	0.886	0.711	0.814
	民营图书单位	1.447	0.624	0.189
	工作室	2.303	1.183	0.376
	独立出版者	2.261	0.844	0.083

（1）网络原创文学产业＋演艺产业＝影视产业

近年来，不论在西方或是东方由小说改编成影视似乎都是常见的整合运作模式。拥有海量内容的网络原创文学在改编影视剧亦有很大的市场空间。根据调查，网络原创文学用户表示会观看网络原创文学改编的电影/电视剧的用户比例达79.2%，是所有改编中读者转化率最高的文化产品。① 此数据仅单就网络原创文学用户做调查，是一种文化产品生产制造前的基本盘，若再加上非网络原创文学观众，可见作品收视率的收益保证。

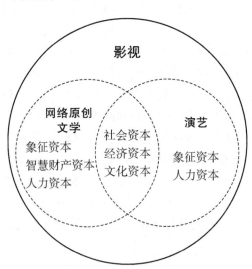

图6.4　网络原创文学产业跨场域整合发展（Ⅰ）

如图6.4所示，即为网络原创文学产业与演艺产业跨场域结合成为影视产业

---

① 中国互联网络信息中心(CNNIC)．中国网络原创文学用户调研报告．https://www.cnnic.net.cn/hlwfzyj/hlwxzbg/201108/P020120709345276389530.pdf(2015年11月1日访问).

的资本运作逻辑。以电影《山楂树之恋》为例,网络原创文学产业所坐拥的是作者艾米在网络原创文学界的象征资本,以及小说原创的知识产权资本,而演艺产业提供的是男女主角窦骁、周冬雨在影坛的象征资本。除了主角的象征资本外,再加上张艺谋导演所具有的国际级象征资本,原创作者加上导演再加演员的三大象征资本成为吸引众多影迷的丰厚条件。一部电影的完成,除了抽象的象征资本累积外,还需要庞大的人力资本以及经济资本的投入,人力资本包含演员、灯光、美术设计、场景设计、后期制作等等。从上述精细的分工可知,要产出一个电影作品,其规模并非单一公司能独力完成,因此通过社会资本的社交连接累积各方资源及经济亦为完成一部电影的必要条件。

网络原创文学改编成电影作品的例子还有由赵薇所导演的《致我们终将逝去的青春》(以下简称《致青春》)。《致青春》电影的热销来自几个成功的资本运作基础,第一即是辛夷坞在网络上累积的作家象征资本,在作家象征资本的基础保证下吸引了读者与观众;第二个成功的资本运作,即是演员们的象征资本,电影请到海峡两岸当红的偶像明星担纲剧中的男女主角,如赵又廷、韩庚、杨子姗、郑恺等等,这些演员多数为俊男与美女或是在网络上已有一定知名度的演艺人员,因在演艺圈中已有多数著名作品成果,累积了庞大的粉丝群,因而这些偶像明星的粉丝们因被演员的象征资本所吸引进而成为这部电影强大的收益保证。再者,以赵薇首度导演处女作为标榜,即是一种对于赵薇象征资本的商业化运用,加上通过娱乐媒体的报道,将《致青春》的电影情节隐射为一部赵薇与黄晓明青春时期的爱情乐章,黄晓明也友情支持替赵薇做电影宣传,这无非是将作品与赵薇和黄晓明的象征资本连接,并集结两者的粉丝成为该部电影观众的基础保证。《致青春》原本仅是一部学生作品的电影、一部网络小说,却因为这些资本的积累的加分一跃上影院的大屏幕。电影于2013年5月正式上映,"五一"假期创下超过3亿元的票房,首映日票房更是突破4 520万,成为中国大陆2013年相当卖座的青春类电影。网络原创文学作品《致青春》早在2007年即红遍网络,具有超高的网络人气,电影《致青春》的媒体推广主要从微博等新媒体取得突破,电影制作方为《致青春》申请开通官方微博账号,在电影上映前,粉丝量超过16万人,共发布微博2 000多条,平均每天5~6条信息更新。同时参演的明星也在其官方微博上进行同步推介,不断地将片场和影片的相关消息发布于微博上,再经过无数粉丝疯狂转发将影片影响力无限扩大。① 从上述的分析能理解到,《致青春》之所以能取得票房的成就,主要原因在于作品、作者、明星、导演的象征资本效应,通过各类象征资本聚合的粉丝力量在网上达到病毒式营销。此外,因题材讲述的是"80"后的青春、校园、怀旧的爱情故事,更

---

① 袁洁平.《致青春》全媒体营销揭秘[J].中国广告,2013(6):110.

符合当下主要"80"后电影消费者的文化资本审美需求。

而网络原创文学亦循相同模式来交换及壮大产业资本,例如《步步惊心》及《后宫甄嬛传》都是著名网络小说改编后搬上电视屏幕。电影《搜索》亦改编自网络原创文学,且在电影热卖后带动实体书籍的畅销。网络原创文学的影视泛娱乐化除了电影外,电视剧亦是一种常见的模式。电视剧的集数播放形式与网络原创文学章节连载形式更为贴近,因此亦有越来越多的电视剧选择早已在网络上累积高度象征资本的小说作为改编的蓝图。红遍两岸的《步步惊心》即为作者桐华当初在晋江文学网连载的作品,更是近期小说、电视剧的穿越题材代表;《后宫甄嬛传》则为作者流潋紫在晋江文学网连载的小说作品;由何润东导演,并由徐熙媛(大S)主演的《泡沫之夏》则为明晓溪在红袖添香连载的作品。2015年最红火的电视剧《琅琊榜》亦为作者海宴在起点中文网连载的网络原创文学作品,其更依循网络原创文学的网络性与读者主导特性,由网民票选电视剧的主要角色演员,此手段将作品、角色与读者等各自的象征资本与文化资本进行收视率与收益最大化的方式。其他作品如《失恋33天》《杜拉拉升职记》《何以笙箫默》《花千骨》《芈月传》等都是网络原创文学改编为影视的成功案例。

2) 网络原创文学产业＋数字多媒体产业＝游戏产业

小说改编成游戏早已是金庸与古龙等大师级的小说创作时代所形成的成熟模式,网络原创文学仅是将改编浪潮推向另一个高峰。随着网络原创文学的蓬勃发展,读者群也越来越扩大,且网络小说读者群和玩家群体一样绝大多数都是年轻人,对网络上广泛流传的东西认知度、适应度较高,也就是说网络小说读者和网络游戏玩家的重叠度高,这也说明了这两项领域在观众间的转化率及共享率相当高。根据中国互联网络信息中心调查,37.8%的网络原创文学用户愿意玩网络原创文学所改编的游戏。[①] 此外,根据不完整统计,17173游戏、腾讯、网络游戏网等网络游戏门户由网络小说作品改编的游戏分别占总量23%、17%和25%。网络原创文学作品已成为网络游戏重要的内容供应源。[②] 著名的网络原创文学作品《星辰变》《诛仙》和《鬼吹灯》等皆已被改编成高人气网络游戏。

图6.5说明网络原创文学产业与数字媒体产业跨场域结合成为动漫游戏产业的资本运作逻辑。网络原创文学产业所能供应的是作者的象征资本、小说内容的智慧财产资本,以及靠着小说内容和作者本身多年来累积的读者,而数字多媒体产业则是提供专业的人力资本将文字转化为画面与动画游戏。若要组成一个专业的动画、游戏团队,大量的经济资本是免不了的投资,而各种资本若要通过跨场域的

[①] 中国互联网络信息中心（CNNIC）. https://www.cnnic.net.cn/hlwfzyj/hlwxzbg/201108/P020120709345276389530.pdf 2015.11.01.

[②] 欧阳友权. 网络原创文学五年普查(2009－2013)[M]. 北京:中央编译出版社,2014:162.

流通,依赖的是两类产业社会资本的连接,网络原创文学业者与数字多媒体业者间必须要有良性的沟通,而数字多媒体业者旗下精细的人力资本分工亦须倚赖社会资本的连接,在这一连串的资本流动与连接下,才能扩大原创文学核心的经济效益。

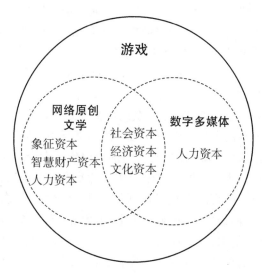

图 6.5　网络原创文学产业跨场域整合发展(Ⅱ)

近年,智能型手机的兴盛亦带动了网络原创文学的蓬勃发展,网络原创文学的碎片化阅读与智能型手机的体验方式是一种高度契合的形式。中国大陆看准了此块商机并积极开发。以中国大陆的盛大集团为例,其将上述的高度契合形式转化为手机游戏与网络原创文学的新商业模式。该公司本身即掌握了跨场域的各项条件,其已握有网络原创文学的知识产权资本,消费者在网络原创文学发展同时已建立,拓展到网络或手机游戏则不需要再另行开发,且消费者皆拥有相同的特性,即为网络的重度用户,因而并无跨产业领域所需担心的消费者转化断层。以下就盛大文学的唐家三少与天蚕土豆两名高人气网络写手为例,说明原创网络原创文学和手机游戏如何通过跨场域融合及各类资本交换、共享达到最大化出版物的文本价值。

唐家三少在网络原创文学领域因《绝世唐门》《光之子》《狂神》《冰火魔厨》《斗罗大陆》等几部代表作累积了高度的人气,其微博已拥有超过 270 万的粉丝,唐家三少的百度贴吧共有 4 万多名会员关注、62 万条发帖数、4 万多条关于唐家三少的主题讨论,以及月活跃用户 8 万人,他也是中国网络作家富豪榜首富,这些惊人的数据及成就直接证明了唐家三少作家强大的象征资本与粉丝经济驱动力。而唐家三少又如何将其网络原创文学所累积的资本通过跨领域合作转化为手机游戏的经济效益？首先，由酷牛互动科技有限公司所研发与发行的手机游戏《唐门世界》夹带着唐门三少这位知名作家的象征资本保证了一定的读者与粉丝，也因此铺垫了该款手机游戏的玩家人数。又如前所述，网络原创文学读者与手机游戏玩家间的重叠度高，所以较不会有消费者转化的问题，原创文学的读者更是手机游戏的玩家人数保证。此外，《唐门世界》集合了唐门三少《光之子》《狂神》《善良的死神》《唯我独仙》《空速星痕》《冰火魔厨》《生肖守护神》和《琴帝》等八部网络原创文学作品中的人物作为角色扮演手游的基础，而这些虚拟的人物角色亦有其各自的象征资本，而每部作品亦各有自己的读者，这些作品在起点中文中各个几乎都有 2 000 万以上的点击率，而这些读者则为手机游戏用户的基本保证。《唐门世界》于 2013 年 10 月问世，在短短 8 个月中其贴吧月活跃用户共 3 万人，累计发帖数共 40 几万条，官方网站游戏累积下载次数达 237 万次，ios 版游戏已开 152 服。① 此款游戏绝非是在短时间得到上述这些成就，而是来自与网络原创文学资本交换、积累与场域融合所取得的成果。另一个网络原创文学与手机游戏融合的成功模式即是作家天蚕土豆的作品。天蚕土豆的百度贴吧月活跃用户 15 万人，累计发帖数 300 多万条、超过 5 万人次的关注，而该作者的微博超过 20 万名粉丝，这即是天蚕土豆本身所坐拥的象征资本，这样的象征资本来自在网络文学平台上代表作品《斗破苍穹》《武动乾坤》《魔兽剑圣异界纵横》《大主宰》等读者的积累。采取与手机游戏《唐门世界》相同的模式，游戏商看准了天蚕土豆在网络文学上象征资本与粉丝经济的强大基础，开发了结合天蚕土豆《斗破苍穹》《武动乾坤》《魔兽剑圣异界纵横》等三部著名的网络原创文学作品中的故事情节及人物而打造手机游戏《绝世天府》。《斗破苍穹》拥有超过 1.4 亿的总点击量、百度贴吧 105 万月活跃用户及 5530 万条的发帖数；《武动乾坤》拥有 6500 万的总点击量、百度贴吧 156 万月活跃用户及 5312 万条发帖数；《魔兽剑圣异界纵横》拥有 1600 万的总点击量、百度贴吧 4000 多名关注及 4 万多笔发帖数。上述来自三部网络小说的数据，即是构成手机游戏《绝世天府》在问世前的消费者、象征资本等稳固基础的证明，其 ios 版游戏已开 62 服。② 除了上述两位作家，盛大亦以相同的模式开发第三位知名作家辰东，将其网络原创文学改编为手机游戏《太古仙域》。可见，以知名作家与作品为核心的版权营运泛娱乐化效应正在网络原创文学战场中点燃战火。

　　唐家三少、天蚕土豆、辰东等由网络文学小说改编为手机游戏其实并非始例，但值得我们深究之处在于其新兴的商业模式，通过网络小说的章节后端附上改编手机游戏的下载网址，跳过 Google Markets、"360""91"、百度等渠道的抽成。这是一种对于手机游戏渠道及推广方式的颠覆，这种方式降低了推广的成本与渠道的

---

① 作者于 2014 年 6 月 6 日登入该手机游戏所统计之结果。
② 作者于 2014 年 6 月 6 日登入该手机游戏所统计之结果。

抽成,更重要的是因小说读者与游戏玩家的重叠度高而可以直接锁定目标客户群。文学出版不应仅是拘泥于数字与纸本这种载体上的争论,而应探讨如何赋予内容文本更多元的资本,将其价值扩大,当价值够大时,文本可跨场域转化成各种类型的文化产品,甚至自身即是渠道及推广手段。由上述几个手机游戏的成功案例我们可以理解到,在文化产业市场中单打独斗不再是掌握优势的不二法门,尤其是像出版这类正面临数字科技侵袭的产业,只有握有跨场域的资本条件才最具备竞争力。

文学是整个文化产业链条中最为上游的原创端,除了直接产生价值之外,其输出的知识产权有着非常多样化的版权衍生和二次价值变现方式,如游戏、影视等等。网络原创文学具有向影视、动漫、游戏行业等多元辐射和输送内容的能力,上述仅为影视与游戏的跨场域的资本运作逻辑,然而网络原创文学跨场域合作并不仅局限于上述两类产品的拓展。网络原创文学作为原创内容的金矿,在多媒体、多渠道分销趋势下,改编成舞台剧、动漫、漫画、听书甚至是回归为实体出版物的例子更是不胜枚举。虽然网络原创文学具备内容资源充足、改编价格便宜、娱乐性与情节符合改编要求、群体气度高提高收视保证等优势,然而亦有题材同质与跟风的局限、从小说到剧本的改编较难等劣势。①海润影视集团张总编剧在本研究访谈中提道:

> 2009年后我们几乎很少做小说改编,因为所有的改编,其实对我们来讲都是全新的创作。就这种核心最后改编完了之后,能用的东西一个是书名、另一个就是里面的主要人物的名字。除了这个之外,基本上所有的情节桥段,故事能用的几乎接近于零。②

因此,网络原创文学除了原本所夹带的象征资本、经济资本与消费者保证外,更重要的是如何让文学作品的架构能更具跨媒介与跨渠道特性是网络原创文学最重要的挑战。

6.5　小结:新市场破坏者的场域结构与资本流动

根据上述的论述与访谈结果我们可以将网络原创文学的资本运作状况绘制成如图6.6所示。

---

① 欧阳友权.网络原创文学五年普查(2009—2013)[M].北京:中央编译出版社,2014:230-233.
② 2014年12月17日,本研究者对海润影视集团张总编剧的访谈记录.

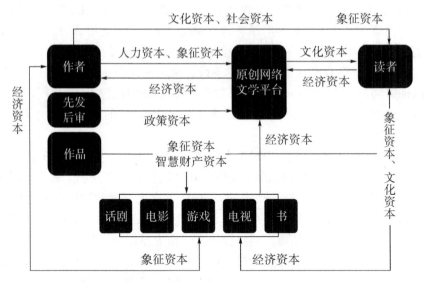

图 6.6　新市场破坏性的场域结构与资本运作逻辑

在稿源面,网络原创文学在内容方面占有先发后审的政策资本优势。传统出版物必须对消费者的阅读品味达到一步到位的精准策划,不易掌握读者审美品位,因而出版所投入的风险较高,此外,加上三审三校的审查机制,读者所喜闻乐见的内容较易因审查机制而被删除。网络原创文学先发后审的机制更容易保留读者所喜好的内容,且通过连载的形式探索读者的阅读品味。网络原创文学读者多数为渴望得到关注的青少年或是打工族,如服务员、保安等,这些群体在现实生活中是充满焦虑且感到寂寞的,必须通过文化产品消解生活焦虑与孤寂感。相较于传统出版物,通过网络原创文学的虚拟情境更能缩短"现实自我与理想自我的差距",因而更能符合这类群体的文化资本需求而引起共鸣。

在制作面,网络原创文学平台以一种极低经济资本与风险的模式汇集了大量的文学写手,这些写手一开始是以无收入的方式在网上创作,读者亦以免费的方式阅读,直到该作者或作品达到一定程度的点击量,及作者与作品的文化资本与读者间起到了共鸣、作者与作品的象征资本达到高度的膜拜价值,网站平台才会与作者签约,开启 VIP 制度。对平台而言,是一种极低风险与经济资本投入的模式,因为网络平台的经济资本只有从读者端得到正向的数据反馈才会投入资金与心力,在此之前几乎是由作者、作品与读者间进行沟通。此外,在制作面,网络原创文学不同于传统出版物之处在于,传统出版物在流通前是由少数的精英与编辑作为守门人进行把关,然而守门员并非读者,无法百分之百精确地掌握读者的文化资本审美品位。相对而言,网络原创文学编辑仅执行简单校稿与创作思路引导,保留作者的原创概念,加上网络原创文学的连载形式,能及时获取的读者对于作品的意见与看法,进而修正故事的发展,因而内容更偏向以读者文化资本为主导的模式,相对较符合读者阅读品味,容易受大众喜爱。

在流通层面,网络原创文学小到作者、题材,大到整体文学平台的目标客户群、网站定位都以文化资本差异作为市场区隔。以部落化的形式将作者、题材与网站作区分,让读者更容易在浩瀚的网络海沣中找寻到符合文化资本阅读品味的题材与风格。网络原创文学在市场精确定位区分下,作者与读者间更具有强烈的文化资本共鸣,进而在网上形成一种社会资本的"巧连接"关系。此关系更能巩固读者对于作者象征资本的膜拜,逐渐发展成粉丝,这是网络原创文学能以粉丝经济作为经济资本回收的最主要因素。然而,根据前述的研究统计,约有 62% 的读者以免费的方式阅读网络原创文学,但亦有统计显示约有 79.2% 的网络原创文学读者愿意观看网络原创文学所改编的电影/电视剧,约有 37.8% 的网络原创文学读者愿意玩网络原创文学所改编的游戏。虽然通过阅读付费所得到的收益有限,但网络原创文学本身所夹带的作者与作品象征资本成为后续改编作品的消费者与经济资本回收的基础保证。网络原创文学平台亦可通过全版权开发,将文学作品转化为其他商品形式而得到经济资本的获利回收。

第七章　结论：出版场域中的资本逻辑与象征定位

7.1　研究结论

本研究梳理从纸媒时代到数字时代出版场域行动者的变化,分析网络与数字科技进入出版场域后为原先出版行动者势力所带来的变迁。网络兴起带来了哪些新行动者加入出版场域,并导致原先行动者势力的势微。本研究进一步援引克里斯坦森的颠覆性创新理论,将数字时代的出版者划分为高门槛维持者、低门槛创造者以及新市场破坏者三类,并结合布尔迪厄与汤普森的资本理论分析三类出版行动者模式的资本运作逻辑及优劣势所在。最终援引摩尔安的"可供性回路"作为分析三类出版者及其出版物的象征价值与定位之总结。

7.1.1　纸媒时代到数字时代:出版行动者在场域中的权力更迭

纸媒时代下出版场域的行动者包含作者、出版社、政府、印刷厂、经销商、零售业者/书店/出租店、专业评论者以及读者等。作者的象征资本与文化资本影响出版社是否有意愿出版其作品的衡量条件。出版社所掌握的象征资本与文化资本影响读者解读其品牌意象的因素,经济资本则会影响出版社是否有资源出版高知名度作者的主要因素。此外,出版社的社会资本掌握则会影响出版社在内容端的作者来源广度,出版社与渠道商的社交关系亦会间接影响出版物曝光度。政府政策常会极大地影响一个产业的市场发展,出版产业属于传递思想与文化的产业,政府更是出台许多相应的政策进行严格把关,因而出版物的流通与政策相关,如三审三校与书号制度。由于出版政策制度使得书号成为某些国有出版单位特有的政策资本,甚至有些选题策划能力不佳的国有出版社倚赖贩售书号获取收入来源。经销商、零售业者/书店/出租店在纸媒时代中占了举足轻重的地位,所有出版物皆须通过经销商与书店才能接触到读者,因而在纸媒时代中经销商与实体渠道商的地位与权力较高。长期于报纸杂志发表言论的专业评论者,因本身附带高度的象征资本与文化资本,在纸媒时代的媒体渠道有限的情况下,专业评论者对于出版物的评论常影响读者的观感与阅读意愿,其评论亦会拉抬或降低出版物的象征资本与文化资本,进而影响书籍的销售量。

第七章 结论:出版场域中的资本逻辑与象征定位

数字时代下作者、出版社、政府、印刷厂、经销商、零售业者/书店/出租店、专业评论者,以及读者等行动者仍存在于出版场域中,然而各自所掌握的资本与场域中的地位因网络与数字科技的兴起而产生了巨大变化,如零售业者/书店/出租店等实体渠道商因网络的出现受到威胁,地位逐渐虚位化与势微,连带着经销商也受到威胁亦成为势微者。另一方面,由于网络的出现使无实体店面租金压力的网络书店商城崛起,并渐渐侵袭实体渠道商原有的场域地位成为新行动者。网络与数字科技造就了电子阅读的兴起,原本仅与通信业务相关的移动运营商,也因此多了一个数字阅读平台商的角色,进而成为出版场域的新行动者。此外,智能手机的兴盛带动手机阅读的兴起,电子平台与应用程序在电子阅读的趋势发展下成为出版场域中的新行动者。网络原创文学平台因手机阅读与网络社群的发展在中国出版场域占了举足轻重的地位,其背后的运营者为掌握庞大经济资本的互联网企业。网络原创文学通过开放式的平台汇集各方创作者在网上创作,借此累积作者与作品的象征资本,并让作者与读者群以题材作划分,让文化资本与品味契合的作者与读者直接在平台上建立社会资本的连接。本研究亦将社交媒体与搜索引擎视为出版场域中的新行动者。社交媒体提供人人都有发表意见的权利,读者相信朋友的评论意见更多于专业评论者,社交媒体的兴起翻转了过去以专业评论者自上而下的意见主导地位,因而专业评论者的地位在数字时代下逐渐势微。此外,社交媒体成为新锐作者累积象征资本的平台,也成为出版者免费的营销工具,更是读者阅读内容与获取新知的渠道。因此,社交媒体的位置与功能是贯穿整个出版场域。搜索引擎如同出版社与书籍一样能提供读者知识与娱乐,并且汇集全世界各地最新、最及时的讯息,此外,任何人都能通过搜索引擎扮演作者或出版者提供资讯与内容的角色。因此,搜索引擎亦为贯穿整个出版场域的新行动者。

7.1.2 数字时代下三类出版行动者资本运作模式与可供性分析

在纸媒时代下高门槛维持者为出版场域中的核心营运模式,但在网络与科技加入出版场域的今日,属于高门槛维持者的传统大型出版机构不再是出版场域中的核心行动者。网络与数字技术造就了以互联网企业为背后经营者的网络原创文学,其加入出版场域成为新市场破坏者。网络原创文学以更多元、自由的选题,以及网络化的阅读体验吸引原本不属于出版业的目标客户群,并以开放式的平台让各方创作者汇集在网络上创作,因而发展出不同于传统出版业的营运模式。此外,网络与数字科技的进步使成立出版社与出版书籍的门槛降低,进而带动低门槛创造者——独立出版的兴盛。独立出版者虽有规模微型的弱势,但其依照出版物调性找寻外包人才、社交媒体为免费营销工具、弹性化的组织运作、低起印量降低出版成本等运作方式皆因网络与数字科技发展而让独立出版者得以生存并脱颖而出。

上述三类出版行动者模式都掌握有不同的优势资本,也有不同的劣势所在,

表 7.1 中以"＋"代表该类出版者模式中的优势资本，以"－"代表其劣势资本，下文则详细解释各类出版者在场域中各自的优劣势资本掌握与运作差异。

表 7.1　三类出版者模式的资本运作逻辑

资本运作	模式					
	高门槛维持者（传统大型出版机构）		低门槛创造者（独立出版者）		新市场破坏者（网络原创文学平台）	
经济资本	＋	长年经营所积累的资金基础	－	微型规模经营，因而资金有限	＋	互联网企业巨头经营，因而资金雄厚
文化资本	＋	长年经营的基础下相对较有能力与资源出版高文化资本的经典出版物	＋	不盲从主流市场品味，专精于特定领域出版物，相较能出版独特文化资本的出版物	＋	1. 弥补中国大陆主流出版物的文化资本缺失，多元性文化共鸣与满足；2. 读者文化资本主导作品的草根审美品位
	－	致力于出版大众畅销出版物，被认为文化资本较为平庸			－	消费者多为"三低"读者，出版物草根色彩浓厚，被认为文化资本较低
象征资本	＋	1. 多年经营的品牌象征资本吸引高象征资本的作者；2. 多年经营的品牌象征资本，与渠道合作时较具优势	－	成立时间较短、规模微型，因而出版品牌的象征资本较低，所以也较无资源出版高知名度作者与作品	＋	开放式平台汇集各方网络写手与读者，借此培育高象征资本的知名作家
社会资本	＋	多年经营所累积的业界人脉网络，如知名作者与渠道商的合作关系	＋	1. 与气味相投的作者或独立书店建立深度社交关系；2. 出版社直接与读者建立社交关系；3. 跨独立出版社的创新合作	＋	1. 作者直接与读者建立社会资本；2. 泛娱乐化趋势下跨文化场域合作的人脉关系
			－	成立时间较短、规模微型，业界人脉相对不足		
政策资本	＋	中国大陆的书号制度使得书号成为国有出版社的独有资源	－	中国大陆的书号发放制度使得独立出版物无法在正规出版渠道上流通	＋	先发后审的政策优势下因而能保留符合读者审美品位的内容

(续表)

资本运作	模式		
	高门槛维持者 (传统大型出版机构)	低门槛创造者 (独立出版者)	新市场破坏者 (网络原创文学平台)
智慧财产权资本	+ 较有资源争取高知名度的版权与作家作品	+ 善于出版与营销免费经典公版书 — 较无经费竞争高价版权	IP 泛娱乐化模式：智慧财产资本的跨场域拓展
人力资本	+ 长年经营而积累经验丰富的人力资本 — 科层式人力资本管理较无效率与较难创新	+ 1. 依据出版物特性寻求外包人力资本，多元且灵活的人力结合较有机会创新； 2. 扁平式管理，弹性有效率，易创新	+ 1. 汇集各方创作人士与读者于平台； 2. 平台上开放且多元的人力资本的积累与运作； 3. 高科技人才架设平台

经济资本方面，高门槛维持者在中国大陆多为国有出版社或大型民营图书公司，在台湾则为集团或综合大型出版社，这些出版单位的经济资本相对较为丰厚。国有出版社为国有事业体系，因此稳定而具有优势。大型民营图书公司则因善于策划符合市场需求的选题，因而积累经济资本收益。台湾集团或大型出版社的成立时间长，历经出版全盛时期，累积一定的资金，相对经济资本的运转也较为稳定而具优势。独立出版者多数为成立时间较短、规模较小，相对资金来源不如大型出版机构稳定，因而经济资本对于独立出版者来说属于劣势资本。隶属于新市场破坏者的网络原创文学，其背后运营者为大型互联网公司，此类公司皆为资金雄厚的集团大企业，因而经济资本是他们的优势资本，甚至网络原创文学仅是他们在原创端的投资与孵育。

文化资本方面，高门槛维持者可分为优势与劣势资本两类。优势文化资本在于传统大型出版者相对较有能力与资源出版高文化资本的知名作者或作品。然而，劣势在于部分为符合普遍大众读者阅读喜好而出版畅销作品，因而削弱文化资本的高度以迎合市场需求，此类出版物被认为文化资本较为平庸。独立出版者的选题多偏向于小众，且有一定文化高度的自我坚持，不盲从大众市场品味，专精于特定领域的出版物，相较能出版高文化资本的出版物。隶属于新市场破坏者的网络原创文学则相对提供于不同主流作品的文化资本，弥补主流出版物的文化资本缺失，以多元性文化满足各类型读者的共鸣，且不同于传统出版物的文化资本是由出版者自上而下所决定，网络原创文学则是读者的文化资本主导所形成的审美品位。然而，另一方面因网络原创文学作品内容草根色彩浓厚，加上消费者多为"三低"读者（低年龄、低收入、低学历）而被传统出版者视为低文化资本。

象征资本方面,高门槛维持者多属于经营多年的集团或大型出版机构,积累丰厚的成功出版经历与成就,因而奠定了出版品牌而坐拥高象征资本。因具有高象征资本的出版社品牌,相对较易邀请到高象征资本的作者合作。另一方面,高象征资本的出版社品牌亦较有优势与话语权为出版物争取良好的展示曝光机会。相对而言,低门槛创造者的独立出版者由于成立时间较短、规模较小,较无品牌的象征资本优势,因此与大型出版机构相比较无资源出版高知名度作者,在与渠道商谈判时条件也较薄弱。网络原创文学则提供开放式平台汇集各方网络写手与读者,进而培养与积累高象征资本的作者与作品。当平台上的作者与作品积累到一定程度的象征资本,平台商才会进一步与作者签约,并将作品转化成不同类型的文化商品继续盈利,因此网络原创文学平台的象征资本积累与获取相对风险较低。另一方面,培育与争取知名作家在自家平台创作,成为此类出版者积累象征资本的重要方式。

社会资本方面,由于传统大型出版机构在出版领域经营多年,因而累积多年产业人脉,不论在稿源争取与知名作者合作,或是流通环节中与渠道商合作皆较具人脉优势。另一方面,独立出版者相对成立时间短、规模较小、人数也较少,因而在社会资本的人脉网络上不如多年经营并拥有庞大员工数的传统大型出版机构。然而,由于独立出版者大多对小众文化的传播有所坚持,因而较能吸引业内品味相投的人士,如其他同为独立出版者或作者进行合作。不同于传统大型出版者间有门户芥蒂,独立出版者间较能建立超脱利益的合作关系,如作者出资合作、独立出版者间合作营销。独立出版的主事者彼此多为熟识的好友,因而常见跨出版社的友情合作案例,共同激起创意的火花。此外,独立出版者由于文化品位鲜明,虽然读者小众,但较能吸引高忠诚度的读者,并在网络上直接与喜好其出版物的读者建立社会资本连接。此现象亦常见于网络原创文学,网络原创文学平台的设立如同一个社交媒体,读者与作者可直接在平台上进行意见交流,等同于作者与读者直接建立社会资本,因而网络原创文学常有强大的粉丝经济效应。

政策资本方面,中国大陆的书号管理制度使得书号成为部分国有出版社的资源,甚至有些选题策划能力不佳的国有出版社以贩售书号作为盈利,因而书号成为特定国有出版社独有的政策资本。民营出版者的出版物欲在市面上流通,则需在出版成本上多付"合作费",借此向国有出版社索取书号。独立出版者在政策资本上处于劣势,一方面此类出版者在出版制度上属于没有合法立案的单位,再者其出版物由于没有经过三审三校,且无书号,因而无法在正式的出版渠道上合法流通,仅能以艺术小册子的形式在网上贩售。网络原创文学则握有间接政策资本优势,由于传统出版物必须经过审校,因而容易删除掉读者所喜爱的内容。相对而言,网络原创文学在先发后审的政策优势下,保留了符合读者审美品位的内容,因而掌握有间接的政策资本的红利。

智慧财产资本方面,由于传统大型出版者累积多年的出版资源与经历,因此较有资本与能力争取高知名度作者的合作机会或是国外畅销作品的出版权。相较而言,独立出版者由于资金与经历不如前者,因此在高价的版权竞争领域较不具备优势,然而多数独立出版者具备外语能力,因此更善于翻译、出版与营销国外经典公版书。经典公版书一方面无须负担版权费用,另一方面经典公版书已累积了一定高度的象征资本与文化资本,因而有一定市场保证。网络原创文学则以开放式平台来汇集作品,平台业者仅签约市场反馈佳的作者及作品,因而网络原创文学在智慧财产资本的投资风险较前两者低。近年网络原创文学更积极发展泛娱乐产品,将成功文学作品改编成为其他文化产品做跨场域发展,因此网络原创文学采取较为立体化的方式运作其智慧财产资本。

人力资本方面,传统大型出版者因长年经营而累积丰厚且经验丰富的优势人力资本,然而科层化的人力资本管理方式较无行政效率,且较难有创新性。相对而言,独立出版者规模较小、采取扁平化的人力管理,并依据出版物特性雇用外包人力资本。独立出版者因扁平化管理加上多元且灵活的人力结合,所以较有机会创新。网络原创文学则是以开放式平台汇集各方创作人才,进而累积多元的创作人力资源,且仅针对具有市场价值的作者进行签约。此外,我们也可以将平台上的读者视为给予作者意见反馈的编辑,读者因而成为平台的人力资源之一。互联网企业为网络原创文学平台的背后营运者,因此对于高科技人力资本的运用也高于前两者。

本研究在梳理三类出版行动者的资本掌握与运作差异后,仿效摩尔安承袭布尔迪厄场域与资本概念,进一步分析三类出版者在采取不同资本交流与互动后其出版物被赋予的可供性差异,并整理如表 7.2 所示。

表 7.2 三类出版者之可供性回路运作

可供性	模式		
	高门槛维持者 (传统大型出版机构)	低门槛创造者 (独立出版者)	新市场破坏者 (网络原创文学平台)
经济可供性	经济资本:1. 多年经营下积累较雄厚的资金;2. 国有出版社拥有政策资本优势,经济收入稳定	经济资本:规模小,因而资金运作相较为紧缩	经济资本:资金雄厚的互联网集团企业
社会可供性	社会资本:多年经营下积累的业内人脉	社会资本:品味相投的同业结合与人脉积累	社会资本:1. 跨文化产品的合作人脉;2. 作者与读者直接建立网上连接

(续表)

可供性	模式		
	高门槛维持者 (传统大型出版机构)	低门槛创造者 (独立出版者)	新市场破坏者 (网络原创文学平台)
技术——材料可供性	人力资本:编辑人员的多年经验,以及其与知名作者的合作经历	人力资本:1.扁平化管理较易发挥创意;2.弹性化合作的外包人才	人力资本:1.高科技人才架设与管理网络平台;2.非传统专业编辑人才
再现可供性	象征资本+文化资本:大型出版品牌+大众议题、经典畅销作品	象征资本+文化资本:新兴微型出版者+小众文青作品	象征资本+文化资本:互联网企业品牌+草根性、感官性娱乐作品。全版权开发的泛娱乐文化产品
空间可供性(制作与展示)	1.制作空间—经济资本+人力资本:科层化人力管理的大型办公大楼; 2.展示空间—经济资本+社会资本+象征资本:高曝光度的销售展示	1.制作空间—经济资本+人力资本:微型、扁平化管理的小工作室; 2.展示空间—文化资本:气味相投的独立书店展示	1.制作空间—经济资本+人力资本:科层化人力管理的大型办公大楼,以及无疆界的虚拟网络空间; 2.展示空间—象征资本:网络平台排行榜
时间可供性	大家经典创作期:长 阅读赏期:长+收藏	新锐作者创作期:中 阅读赏期:中+收藏	网络写手创作期:短快频 阅读赏期:短、快、频、浅

高门槛维持者,在经济可供性方面相对应的是经济资本,由于此类出版者曾经历出版产业盈利的巅峰时期,且在多年经营下累积雄厚的资金基础,相对于其他类出版者有更多预算策划出版,不论在寻找知名作者合作出书、购买版权或是营销皆有较高的预算与能力进行操作,高门槛也因此而树立。另一方面,中国大陆的出版社为国有体制,在经济可供性方面较为稳定。相较于民营图书公司,国有出版社的经济可供性来源于国家,因此相对市场压力较小。选题策划能力较为薄弱的国有出版社,则将书号作为盈利的资源。社会可供性则对应到社会资本,高门槛维持者在业界多年经营下积累了广大的人脉,这些业内人脉的积累有助于出版物在场域中流通,如在渠道端建立的人脉关系以便取得良好的曝光位置与营销活动配合,出版物对外营销亦须仰赖公司内部人员对外的人脉合作连接。此外,公司内部工作同仁与知名作者间长年累积的合作与人脉关系,则会影响作者与出版社合作出版的意愿。技术-材料可供性相对应的即是人力资本,通常传统大型出版机构的编辑经验相对丰富,且资历较深,累积较多与知名作者合作的经历,这些是其建立高门

槛的因素之一。再现可供性对应的是传统大型机构的象征资本与文化资本,其长年积累所形成的品牌是其象征资本,此外此类出版者因其经济基础较雄厚,更有预算出版版权费较高的议题性作品与知名度高的经典作者与作品,因而此类出版者再现可供性偏向于大众热点议题或是知名经典作者。空间可供性则关于出版物的制作与展示空间,制作空间方面由于经济资本雄厚,加上科层化人力资本管理方式,因而此类出版社多设立于大型办公大楼中。另一方面,在渠道端的展售,长年经营的出版社品牌与知名作者、作品的象征资本,加上更有营销预算的经济资本,以及渠道人脉,因而此类出版物在空间可供性上较容易取得较高曝光度的位置与渠道营销活动合作。时间可供性方面若是经典作者与作品,其创作期间长,相对阅读鉴赏期亦较长,且经典、知名作者、精装作品除了阅读外也较具永久收藏价值。

低门槛创造者多为微型出版规模,因此经济可供性相对于前者较为紧缩。独立出版者的社会可供性方面多数建立在同类微型出版的人脉网络,彼此因品味相投而结合,通常独立出版主事者较无门户芥蒂,通过相互结合而在业界中壮大。例如:联合出版营销(台湾的独立出版者的"午夜巴黎"计划)或合作举办书展(台北国际书展-读字系列;独立之光:2012广州独立出版物展览)。技术-材料可供性方面对应的是人力资本,由于独立出版者的人员组织结构为扁平化管理方式,因而人力运作较不僵化、有效率,相对前者具创造力。此外,因人力成本考量加上搭配出版物的调性差异,独立出版者常采取外包的形式运用人力,因而技术可供性方面因人力的弹性化运作而较多元且具创意。再现可供性方面对应的是独立出版者的象征资本与文化资本,独立出版者因多为新兴的微型出版者,尚未累积出版社品牌的象征资本,然而其关注小众文化,因此文化资本偏向于小众化议题,因而吸引文青类读者。空间可供性则因独立出版物具有独特的文化品位,其文化资本与独立书店相契合,因此,多数独立出版物在独立书店较易获得曝光度,且能锁定目标客群。制作空间方面,因微型、扁平化管理的人力资本运用,因此采用小工作室作为办公地点。时间可供性方面,独立出版者多数的作品为新锐作者,相对创作期较经典作家短,鉴赏期相对也较短,但多数独立出版物更致力于书籍外观的设计感与主题风格的独特性,因而仍具收藏价值。

新市场破坏者,网络原创文学平台经营者为腾讯、百度等资金雄厚的互联网集团,因而经济可供性或经济资本为其运作的优势。社会可供性方面,网络原创文学较为特殊之处在于,其属于连接产业两端——作者与读者的弯曲产业链形态,因而作者与读者可以在网络上直接互动,建立社会可供性的人脉关系,因而此类出版模式相当倚赖粉丝。此外,现今网络原创文学文本 IP(智慧财产权)的泛娱乐化跨场域转化蔚然成风,因此建立跨场域合作人脉关系亦为此类出版行动者的社会可供性。网络原创文学作品跳脱传统出版社的运作流程,出版者为互联网企业,加上创作者为非经专业训练的一般大众,因而作品的再现可供性属草根性,网上阅读体验方式与网游雷同,因而题材则多为感官性娱乐作品。娱乐、逃避现实、意淫式阅读体验是此类出版物的再现可供性。空间可供性方面,网络原创文学的阅读建立在平台上,因而属于虚拟的空间,平台上有数以万计的作品陈列,因而平台排行榜则是虚拟空间中处于高度曝光度的位置,亦为业者操作与培养知名作家象征资本的营销手段之一。另一方面,制作空间由于经济资本雄厚,加上科层化人力资本管理方式,因而此类企业多设立于大型办公大楼中。网络原创文学与一般出版物的最大差异来自创作时间,即时间的可供性,多数网络作家要天天更新章节,因而创作时间短,发布新章节的速度快、频率也高。相对而言,在阅读面,因内容为以娱乐性为主并无多少深度,因此读者对于体验此类出版物的方式亦采取短、快、频、浅的方式。

7.1.3 数字时代下三类出版行动者及其出版物象征定位

本研究论文最终欲回答的问题为三类不同出版资本运作模式的行动者会形成何种不同象征性并创造出不同定位的出版物。摩尔安在布尔迪厄场域理论基础下建构出"可供性回路"价值评估体系,其认为技术-材质价值、社会价值、情境价值、审美价值、使用价值等五种价值综合起来形成一种象征价值。[①] 象征价值即本研究所指的出版物象征定位,因而本研究在此援引摩尔安所提的五种价值评估的指标总结出三类出版物的最终象征价值定位。

表 7.3　三类出版者与其出版物的价值评估与象征定位

价值	模式		
	高门槛维持者 (传统大型出版机构)	低门槛创造者 (独立出版者)	新市场破坏者 (网络原创文学平台)
技术-材料价值	1. 知名作者、畅销作品合作经验; 2. 精装出版物; 3. 经验丰富的编辑	1. 新锐作者作品开发; 2. 弹性化外包人力; 3. 公版作品的创意化营销	1. 高科技网络人才; 2. 草根性内容创作人力
社会价值	1. 多年经营下所积累的业内人脉; 2. 编辑与作者间的合作关系	1. 独立出版者间的跨出版社合作关系; 2. 独立出版者与独立书店主事者合作关系; 3. 出版者与读者的连接	读者与作者的网上连接

[①] Brain Moeran. The Business of Creativity: Tower an Anthropology of Worth[M]. London: Left Coast Press, 2013: 76-77.

(续表)

价值	模式		
	高门槛维持者 (传统大型出版机构)	低门槛创造者 (独立出版者)	新市场破坏者 (网络原创文学平台)
审美价值	1. 跟风与潮流议题; 2. 精品与限量收藏; 3. 知名作者的议题性作品	1. 独特议题品味; 2. 小众文化	1. 草根性品味; 2. 逃避现实舒缓焦虑; 3. 游戏感官的娱乐阅读体验
使用价值	阅读、收藏	阅读、收藏	阅读、享乐
情境价值-空间	连锁与网络书店通路	独立书店、淘宝、豆瓣、连锁书店(台湾)	网络数字阅读平台
情境价值-时间	限量、议题性、收藏	创意、收藏	短、快、频、浅
象征价值 (定位)	1. 精致化出版——精装与限量版; 2. 知名作者或作品; 3. 大众畅销作品	1. 艺术小册子制作(中国大陆); 2. 创新营销重新包装公版书籍; 3. 特定专精领域,小众文青作品	1. 弥补主流文化出版物不足的草根性出版物; 2. 逃避现实、游戏化与焦虑舒缓出版物

高门槛维持者为多年经营的传统大型出版机构,社会价值面为出版社长期业界经营下所积累的人脉,如编辑与作者的长期合作关系、业务与渠道零售端的合作关系等。在技术-材料价值方面因其多年的品牌、人才与资金积累下相对较易争取到高知名度的作者,并创造风潮与议题性的书籍,另外此类出版者相对有较雄厚的资本投入精品或限量书籍制作,如内容方面邀请高文化与高象征形象的知名作者撰写,外观方面则投入更高成本制作精装书或礼品书,使纸本书籍在数字技术影响下打造成具有精品或限量收藏以及赠予等情境价值的典藏品。书籍因出版社名气、作者声望以及作品议题则较能在连锁与网络商城取得较佳的展示机会。因此,高门槛维持者的出版物定位在内容方面走向具高象征价值的作者与议题性作品,在外观方面则投入更多的成本制作限量化与精致化的精装书。因而此类出版物定位为精装礼品、限量收藏品、知名畅销品等走向。

低门槛创造者为新兴独立出版者,在技术-材质价值方面因资金考量无法如同上者邀请到高知名度作者,因此作者多为新锐作者,或是经典公共版权作品的再版。由于新锐作者并无知名度优势,因而独立出版者更会投入心思与创意来营销书籍。此外,免费的公版书籍是独立出版者经常出版的题材,经典公版书虽有自身经典的象征资本基础,但出版社亦须创造经典的另一面才能在市场上脱颖而出,独立出版者因而创意与创新度较高。此外,因独立出版者为微型规模,采取弹性化的外包人力运作,所以作品审美价值不同于上者性质较为中规中矩,出版者的选题与营销手段则较有独特性,出版物内容则多为主事者个人喜好或专长的议题,因而审美价值相对较为小众化、针对性与独特性,但读者群相对于大型综合出版社忠诚度较高。社会价值方面,由于独立出版者成立时间较短,业界人脉较前者低,然而独立出版主事者间却建立了深厚的情谊,共同合作营销壮大独立出版者在出版场域中的势力。独立出版物虽在连锁书店无法取得最佳的销售展示位置,然而,独立出版物与独立书店因文化资本品味相契合,则能在独立书店得到弥补。在中国大陆,淘宝与豆瓣则是独立出版物得以流通并接触到读者的网络渠道。此外,技术-材质价值因其成本有限,多以薄型书籍或小册子形态展现,尤其在中国大陆独立出版者若没有与国有出版社合作申请书号,出版物则无法在出版市场与渠道上流通,因而多数中国大陆的独立出版者将出版物定位为艺术小册子,并通过淘宝或豆瓣贩售。综合上述,低门槛创造者的出版物象征定位偏向于专精小众与独特议题出版物,在中国大陆则偏向艺术小册子定位,另有经典公共版权作品的创意再版。

新市场破坏者为网络原创文学平台,其运营单位为互联网集团,在技术-材质价值方面因为互联网企业背景加上平台化运作,高端网络技术人力需求度较高。因其运营者与编辑并非专业出版背景出身,加上开放大众上平台创作内容,因而审美价值多偏向于草根性。在社会价值方面,网络原创文学的知名作家多仰赖平台上粉丝的积累,因而网络原创文学的社会价值更强调的是作者与粉丝直接互动。情境价值方面则因阅读寄托于电子载体,加上内容多为玄幻、奇幻等级文的游戏类题材,因而给予读者一种游戏化娱乐阅读体验,进而审美价值偏向具有逃避现实、舒缓焦虑、意淫投射等特性。使用价值除了阅读外更多着重于情节意淫与缓解现实生活焦虑的享乐体验。综合上述,新市场破坏者的出版物定位为提供读者逃避现实、焦虑舒缓与意淫的草根性内容,读者群则为三低阅读人口(低年龄、低收入、低学历)。

7.2 研究局限

7.2.1 以质化方法为主的研究局限

由于本研究的议题是探讨出版场域中内部的运作关系,分析的是出版场域中的各项资本流通与抽象的出版行动者间的关系连接,因而无法以具体的数据作为支撑,仅能通过深度访谈归纳出各类出版行动者的运作逻辑。以深度访谈作为研究方法容易因访谈者的主观意识而受到影响。然而,本研究以问卷调查作为辅助研究方法,以弥补此方面不足之处。

7.2.2 访谈样本采取的研究局限

由于两岸的出版单位众多且繁杂,本研究仅选取各类型出版者的代表单位作为访谈对象,从访谈过程中提取并归纳各类出版者在各环节的资本运作逻辑,因此是一种针对三类出版者主要现象的统整。然而,各类出版者亦有不同于主要现象的特例差异,因时间与人力限制,本研究无法做全面且充分性的调查访谈。

7.2.3 数据不足的研究局限

由于两岸对于出版产业的数据调查并不完善,如国家新闻出版总署的数据仅更新到2014年底,台湾地区出版年鉴更是仅更新至2010年,且此类调查的数据仅为全盘性的产业普查,深入性不足,因而不符合本研究内容的数据需求。此外,出版业界的实际销量数据亦不公开透明,无法通过市场的量化数据统整出三类出版者在业界的整体市场占有率。因此,本研究仅能就研究者对于出版业的趋势观察及访谈结果做出归纳、总结与统整。

7.2.4 出版行动者与模式划分局限

本研究将出版场域中的行动者依克里斯坦森的"颠覆性创新理论"划分为传统大型出版机构、独立出版者与网络原创文学平台三类,进而分析三者在出版场域中资本运筹的方式差异。本研究由于篇幅与时间限制仅能针对各类行动者因其优势资本所采取的主要运作模式作探讨,然而出版场域中必会存在同时采取多模式运作的案例,在此本研究无法逐一探讨。

7.3 后续研究建议

由于出版产业的营收数据不透明化,因而无法深究各类出版运作模式在经济层面上的表现。然而,经济意义的探究是文化产业研究的重点范畴之一,建议后续研究者能在三类出版模式上做更深一层的经济面向的探索。

本研究仅针对三类出版模式做现阶段资源运作方式的归纳与比较,建议后续研究能在此分类上做三类出版模式的未来发展探索,进一步提出未来趋势预测。

本研究主要采取深度访谈法分析三类出版模式的运作,仅以问卷调查为辅,然而深度访谈易受访谈者个人观点与偏见所影响,建议后续研究者能以问卷调查为主,进一步采用AMOS结构方程建模,分析三类出版模式在资本运作与采用上的先后排列顺序。

参考文献

图书

[1] [美]巴伦.今昔之笔:从铅笔到像素[M].陈信宏,译.台北:猫头鹰出版社,2011.

[2] [美]保罗·李文森.数字麦克卢汉[M].宋伟航,译.台北:猫头鹰出版社,2000.

[3] [美]亨利·詹金斯.融合文化:新媒体和旧媒体的冲突地带[M].杜永明,译.北京:商务印书馆,2012.

[4] [美]迈克·波特.竞争优势(上)[M].李明轩,邱如美,译.台北:天下文化出版社,2010.

[5] [美]尼古拉斯·卡尔.网路让我们变笨?数字科技正在改变我们的大脑、思考与阅读行为[M].王年恺,译.台北:猫头鹰出版社,2012.

[6] [美]劳伦斯·格罗斯伯格.媒介建构:流行文化中的大众媒介[M].祁林,译.南京:南京大学出版社,2014.

[7] [美]罗伯特·达恩顿.阅读的未来[M].熊祥,译.北京:中信出版社,2011.

[8] [美]克雷·薛基.下班时间扭转未来[M].吴国卿,译.台北:行人文化实验室,2011.

[9] [美]克雷·薛基.乡民都来了:网络群众的组织力量[M].李宇美,译.台北:猫头鹰出版社,2011.

[10] [美]克里斯·安德森.长尾理论[M].黄秀媛,译.台北:天下文化出版社,2009.

[11] [美]克莱顿·克里斯坦森,史考特·安东尼,艾力克·罗斯.创新者的修练[M].李芳龄,译.台北:天下杂志出版社,2010.

[12] [美]杰森·莫克斯基.下一波数字化浪潮[M].吴慕书,译.台北:商周出版社,2014.

[13] [美]贾森·爱泼斯坦.图书业[M].杨贵山,译.北京:中国人民大学出版社,2006.

[14] [美]马克·包尔连.数字并发症:Google把我们变笨了吗?[M].温美铃,译.台北:时报出版社,2012.

[15] [日]吉见俊哉.媒介文化论[M].苏硕斌,译.台北:群学出版社,2004.

[16] [法]帕特里斯·朋尼维兹.布尔迪厄社会学的第一课[M].孙智绮,译.台北:麦田出版社,2002.

[17] [法]皮埃尔·布尔迪厄,[美]华康德.实践与反思:反思社会学导引[M].李猛,李康,译.北京:中央编译出版社,1998.

[18] [法]皮埃尔·布尔迪厄.文化资本与社会炼金术[M].包亚明,译.上海:上海人民出版社,1997.

[19] [法]皮埃尔·布尔迪厄. 艺术的法则:文学场的生成与结构[M]. 刘晖,译. 北京:中央编译出版社,2011.
[20] [法]罗伯特·埃斯卡皮. 文艺社会学[M]. 颜美婷,译. 台北:南方丛书出版社,1988.
[21] [法]罗伯特·埃斯卡皮. 文学社会学[M]. 叶淑燕,译. 台北:远流出版社,1991.
[22] [丹]克劳斯·布鲁恩·延森. 媒介融合:网络传播、大众传播和人际传播的三重维度[M]. 刘君,译. 上海:复旦大学出版社,2014.
[23] [加]罗伯特·洛根. 理解新媒介——延伸麦克卢汉[M]. 何道宽,译. 上海:复旦大学出版社,2012.
[24] [加]马歇尔·麦克卢汉. 理解媒介——论人的延伸[M]. 何道宽,译. 南京:译林出版社,2003.
[25] [新西兰]史蒂文·罗杰·费希尔. 阅读的历史[M]. 李瑞林,贺莺,杨晓华,译. 北京:商务印书馆,2011.
[26] [匈]阿诺德·豪泽尔. 艺术社会学[M]. 居延安,译. 上海:学林出版社,1987.
[27] [英]维多利亚·D·亚历山大. 艺术社会学[M]. 南京:江苏美术出版社,2008.
[28] [英]尼可拉斯·拉维尔. 靠10%顾客赚翻天的曲线法则[M]. 萧美惠,吴慧珍,译. 台北:商周出版社,2014.
[29] [英]克里斯·比尔顿. 创意产业:管理的文化与文化的管理[M]. 姜冬仁,译. //李天铎,编. 文化创意产业读本:创意管理与文化经济. 台北:远流出版社,2011.
[30] [英]马歇尔·麦克卢汉. 古滕堡星系:活版印刷人的造成[M]. 赖盈满,译. 台北:猫头鹰出版社,2008.
[31] [苏]弗理契. 艺术社会学[M]. 天行,译. 广州:作家书屋,1947.
[32] 潘桂林. 读者中心神话与精神生产危机——文学场视域下的网络原创文学生产关系分析[D]. //欧阳友权. 网络语文学变局[M]. 北京:中国文史出版社,2014.
[33] 刘崇顺. 文艺社会学概说[M]. 北京:文化艺术出版社,1986.
[34] 林淇漾. 场域与景观:台湾文学传播现象再探[M]. 新北:印刻出版社,2014.
[35] 汉堡德. 文化与文创[M]. 台北:联经出版社,2014.
[36] 黄发有. 消费寂寞——网络原创文学的游戏化趋向[M]. //周志雄,编. 网络文学的兴起——中国网络文学发展文献史料辑. 北京:人民出版社,2014.
[37] 解放日报. 起点中文网依托互联网平台开创文学创作和预读新天地[M]. //周志雄,编. 网络文学的兴起——中国网络文学发展文献史料辑. 北京:人民出版社,2014.
[38] 向勇. 文化产业导论[M]. 北京:北京大学出版社,2015.
[39] 周平远. 文艺社会学:理论与批评[M]. 南昌:江西人民出版社,2011.
[40] 邵燕君. 媒介新变与"网络性"[M]. //中国作家协会创作研究部,编. 网络原创文学评价体系虚实谈——全国网络原创文学理论研讨论文集. 北京:作家出版社,2014.
[41] 司马云杰. 文化社会学[M]. 太原:山西教育出版社,2007.
[42] 宋建林. 现代艺术社会学导论[M]. 北京:知识出版社,2003.
[43] 欧阳友权. 网络原创文学五年普查(2009—2013)[M]. 北京:中央编译出版社,2014.
[44] 张意. 文化与符号权力[M]. 北京:中国社会科学出版社,2005.

[45] 陈夏民. 飞踢,丑哭,白鼻毛:第一次开出版社就大卖——骗你的[M]. 台北:明日工作室,2012.

[46] 陈威如,余卓轩. 平台革命[M]. 台北:商周出版社,2014.

[47] 陈颖青. 老猫学出版[M]. 台北:时报出版社,2007.

[48] 马季. 网络原创文学审美特征考察[M].//中国作家协会创作研究部,编. 网络原创文学评价体系虚实谈——全国网络原创文学理论研讨论文集. 北京:作家出版社,2014.

[49] Alacovska, Ana, Brian Moeran, et al. Creative Industries: Critical Readings[M]. Copenhagen: Berg Publishers, 2012.

[50] Anheier Helmut, Yudhishthir Raj Isar, et al. The Cultural Economy [M]. London: Sage, 2008.

[51] Banet-Weiser Sarah, Authentic. The Politics of ambivalence in a Brand Culture[M]. New York: New York University Press, 2012.

[52] Barthes Roland. Elements of Semiology. Reissue edition [M]. New York: Hill and Wang, 1977.

[53] Barthes Roland. Mythologies. Complete edition[M]. New York: Hill and Wang, 2012.

[54] Becker Howard S. Art Worlds[M]. Berkeley: University of California Press, 1984.

[55] Beckert Jens, Patrik Aspers. The Worth of Goods: Valuation and Pricing in the Economy [M]. New York: Oxford University Press, 2011.

[56] Bilton Chris, Stephen Cummings. Creative Strategy: Reconnecting Business and Innovation [M]. New York: Wiley-Blackwell, 2012.

[57] Bilton Chris. Management and Creativity: From Creative Industries to Creative Management [M]. Oxford: Blackwell Publishing, 2007.

[58] Bourdieu Pierre, Randal Johnson. The Field of Cultural Production: Essays on Art and Literature[M]. [59] New York: Columbia University Press, 1993.

[60] Bourdieu Pierre. The Forms of Capital [M]. The Sociology of Economic Life. Routlege, 2018.

[61] Burgelman Robert, Clayton Christensen, Steven Wheelwright. Strategic Management of Technology and Innovation[M]. New York: McGraw-Hill/ Irwin, 2008.

[62] Christensen Clayton, Erik Roth. Seeing What's Next: Using Theories of Innovation to Predict Industry Change[M]. Boston: Harvard Business Review Press, 2004.

[63] Christensen Clayton M. The Innovator's Dilemma: The Revolutionary Book That Will Change the Way You Do Business[M]. New York: Harper Business, 2011.

[64] Debord Guy. Society of Spectacle[M]. New York: Zone Books, 1999.

[65] Dicks Bella. Culture on Display: The Production of Contemporary Visitability[M]. London: Open University Press, 2003.

[66] Elberse Anita. Blockbusters: Hit-making, Risk-taking and the Big Business of Entertainment [M]. New York: Henry Holt and Co, 2013.

[67] Fisher William. Promises to Keep: Technology, Law and the Future of Entertainment[M]. Stanford: Stanford Law and Politics, 2007.

[68] Fitzgerald Scott Warren. Corporations and Cultural Industries: Time Warner, Bertelsmann, and News Corporation[M]. Lanham: Lexington Books, 2012.

[69] Flew Terry. The Creative Industries: Culture and Policy[M]. London: Sage, 2011.

[70] Gobe Marc. Emotional Branding: The New Paradigm for Connecting Brands to People, Updated & Revised Edition[M]. New York: Allworth Press, 2010.

[71] Grainge Paul. Brand Hollywood: Selling Entertainment in a Global Media Age[M]. New York: Routledge, 2008.

[72] Hartley John. Creative Industries[M]. Oxford: Blackwell Publishing, 2005.

[73] Hartley John, Jason Potts, Stuart Cunningham, et al. Key Concepts in Creative Industries[M]. London: Sage, 2012.

[74] Holt Jennifer, Alisa Perren, et al. Media Industries: History, Theory and Methods[M]. Oxford: Blackwell, 2008.

[75] Hovland Roxanne, Joyce M. Wolburg, et al. Advertising, Society and Consumer Culture[M]. New York: M. E. Sharpe, 2010.

[76] Johnson Derek. Media Franchising: Creative License and Collaboration in the Culture Industries[M]. New York: New York University Press, 2013

[77] Julier Guy. The Culture of Design[M]. London: Sage, 2007.

[78] Karpik Lucien. Valuing the Unique: The Economics of Singularities[M]. Princeton: Princeton University Press, 2010.

[79] Koch Richard, Greg Lockwood. Superconnect: Harnessing the Power of Networks and the Strength of Weak Links[M]. Random House Digital, Inc. , 2011.

[80] Lampel Joseph, Jamal Shamsie, Theresa Lant, et al. The Business of Culture: Strategic Perspectives on Entertainment and Media[M]. London: Lawrence Erlbaum Associates, 2006.

[81] Leiss William, Stephen Kline, Sut Jhally, et al. Social Communication in Advertising: Consumption in the Mediated Marketplace[M]. New York: Routledge, 2005.

[82] Lessig Lawrence. Remix: Making Art and Commerce Thrive in the Hybrid Economy[M]. New York: Penguin Books, 2009.

[83] Lury Celia. Consumer Culture[M]. New Jersey: Rutgers University Press, 2011.

[84] Mandiberb Michael, et al. The Social Media Reader[M]. New York: New York University Press, 2012.

[85] McKee Alan, Christy Collis, Ben Hamley, et al. Entertainment Industries: Entertainment as a Cultural System[M]. London: Routledge, 2012.

[86] Meza Philip. Coming Attractions? Hollywood, High Tech and the Future of Entertainment[M]. Stanford: Stanford Business Books, 2007.

[87] Moeran Brain. The Business of Creativity: Tower an Anthropology of Worth[M]. Walnut Creek: Left Coast Press, 2013.

[88] Moeran Brian, Jesper Strandgaard Pedersen, et al. Negotiating Values in the Creative Industries: Fairs, Festivals and Competitive Events[M]. Cambridge: Cambridge University Press, 2012.

[89] Noah Arceneaux, Anandam Kavoori. The Mobile Media Reader[M]. New York: Peter Lang Publishing, 2012.

[90] Porter Michael. Competitive Advantage: Creating and Sustaining Superior Performance[M]. New York: Free Press, 1998.

[91] Pratt Andy, Paul Jeffcutt, et al. Creativity, Innovation and the Cultural Economy[M]. New York: Routledge, 2009.

[92] Raustiala, Kal, Christopher Sprigman. The Knockoff Economy: How Imitation Sparks Innovation[M]. New York: Oxford University Press, 2012.

[93] Riesman David, Nathan Glazer, Reuel Denney. The Lonely Crowd[M]. New Haven: Yale University Press, 1950.

[94] Ritzer George. Enchanting A Disenchanted World[M]. London: Sage, 2010.

[95] Ryan Bill. Making Capital from Culture[M]. New York: Walter de Gruyter, 1991.

[96] Schroeder Jonathan E. , Miriam Salzer-Morling, et al. Brand Culture[M]. New York: Routledge, 2005.

[97] Schumpeter Joseph A. Capitalism, Socialism and Democracy[M]. New York: Harper, 1975.

[98] Scott Allen J. , Dominic Power. Cultural Industries and the Production of Culture[M]. New York: Routledge, 2004.

[99] Shirky Clay. Cognitive Surplus: Creativity and Generosity in a Connected Age[M]. London: Penguin Books, 2010.

[100] Snowball Jeanette D. Measuring the Value of Culture: Methods and Examples in Cultural Economics[M]. Berlin: Springer, 2010.

[101] Stewart Brand. The Media Lab: Inventing the Future at MIT[M]. New York: Viking, 1987.

[102] Stoneman Paul. Soft Innovation: Economics, Design and the Creative Industries[M]. Oxford: Oxford University Press, 2010.

[103] Thompson John. Merchants of Culture: The Publishing Business in the Twenty-First Century[M]. Cambridge: Polity Press, 2010.

[104] Towse Ruth. A Textbook of Cultural Economics[M]. Cambridge: Cambridge University Press, 2010.

[105] Turow Joseph, Matthew McAllister, et al. The Advertising and Consumer Culture Reader[M]. New York: Routledge, 2009.

[106] Veblen Thorstein. The Theory of the Leisure Class—An Economic Study of Institutions[M]. New York: Oxford University Press, 2003.

[107] Zelenak Mel J, Wendy Reiboldt. Consumer Economics: The Consumer in Our Society[M]. 15th ed. New York: Holcomb Hathaway, 2009.

期刊

[1] 田海明,魏彬.从价值系统看数字出版商业模式创新[J].出版发行研究,2012(6).
[2] 任翔.移动互联时代数字出版的商业模式创新[J].出版广角,2012(2).
[3] 刘灿姣,黄立雄.论数字出版产业链的整合[J].中国出版,2009(1).
[4] 衣彩天.出版产业链模式建构初探[J].编辑学刊,2010(3).
[5] 衣彩天.我国数字出版产业链现存问题及解决策略[J].编辑之友,2014(2).
[6] 李治堂.我国出版产业结构变化及启示[J].科技与出版,2014(11).
[7] 杨桂丽,王相林.以模块化整合出版产业链[J].中国出版,2008(1).
[8] 杨根福.出版产业链的功能效应分析[J].中国出版,2009(22).
[9] 吴小君,刘小霞.移动阅读时代数字出版商业模式探析[J].中国出版,2011(16).
[10] 何志伟.以出版,重返一个美好年代——逗点文创×一人出版×南方家园的"午夜巴黎"出版计划[J].书香两岸,2014(70).
[11] 何志伟.私房菜——出版的中国册子[J].书香两岸,2013(51).
[12] 何鹏飞.最后的五年[J].商业周刊,2009(24).
[13] 余人,徐艺婷.论图书衍生品开发与出版产业链拓展[J].出版广角,2013(7).
[14] 汪忠.数字出版的商业模式与传统出版企业的数字出版发展[J].出版发行研究,2008(8).
[15] 沈立军.网络环境下的出版产业链重构及出版社战略转型[J].出版发行研究,2012(5).
[16] 陈丹,张志林.数字出版产业创新模式分析与展望[J].中国出版,2011(13).
[17] 陈永东.数字出版创新商业模式新解[J].出版广角,2012(10).
[18] 陈净卉,肖叶飞.美国数字出版的产业形态与商业模式[J].编辑之友,2012(11).
[19] 欧阳友权.当下网络原创文学的十个关键词[J].求是学刊,2013(3).
[20] 金雪涛,唐娟.数字出版产业价值链与商业模式探究[J].中国出版,2011(3).
[21] 周红,陈丹.数字出版产业创新体系及创新模式浅析[J].出版发行研究,2012(1).
[22] 周利荣.数字出版产业链整合:技术转化是关键[J].编辑之友,2011(3).
[23] 郑爱玲.传统出版社数字出版现状与发展策略[J].科技与出版,2013(5).
[24] 屈炳耀.建构数字出版商业模式的要素与思路探析[J].出版发行研究,2013(12).
[25] 赵立新,谢慧铃.试析数字出版的图书产业链转型[J].出版发行研究,2012(8).
[26] 郝志舟.数字出版的商业模式探析[J].出版广角,2012(5).
[27] 班子嫣,乔东亮.产业融合背景下的出版产业链整合[J].出版发行研究,2008(7).
[28] 袁洁平.《致青春》全媒体营销揭密[J].中国广告,2013(6).
[29] 耿晓鹏.民营图书文化公司与出版社的合作模式探讨[J].出版广角,2012(10).
[30] 徐丽芳.论出版产业链延伸策略[J].出版发行研究,2008(8).
[31] 徐哈军.浅谈数字出版战略联盟商业模式的构建[J].编辑之友,2013(1).
[32] 郭新茹,王诗晴,唐月民.3G阅读时代下我国数字出版产业链整合模式研究——以盛大文学与凤凰出版传媒集团为例[J].科技与出版,2014(2).
[33] 黄艳明,海月.网络原创文学消费者打赏意愿研究[J].广角镜,2015(26).
[34] 崔恒勇.亚马逊模式对我国数字出版发展的启示[J].出版发行研究,2013(7).

[35] 梁威.警惕"鲨鱼企业"对数字出版产业链的破坏[J].出版广角,2012(1).
[36] 詹宏志.詹宏志谈数字出版:纸本变电子书是很小的事[J].书香两岸,2010(20).
[37] 鲍红.竞争与合作——国有出版社与民营出版公司资本合作探析[J].出版发行研究,2010(9).
[38] Hearn Greg,Simon Roodhouse,Julie Blakey. From Value Chain to Value Creating Ecology-Implications for Creative Industries[J]. International Journal of Cultural Policy,2007,13(4).
[39] Higgins E Tory. Self-discrepancy:a theory relating self and affect[J]. Psychological Review,1987,94(3).
[40] Mark S Granovetter. The Strength of Weak Ties[J]. American Journal of Sociology,1973.

学位论文

[1] 姜图图.时尚设计场域研究——1990—2010年中国时尚场域理论实践和修正[D].杭州:中国美术学院,2012.
[2] 林立恒.台湾大型出版社之数字出版策略与发展模式[D].台北:台湾政治大学,2012.
[3] 吕强龙.冲突与整合——中国数字出版产业链研究[D].上海:复旦大学,2013.
[4] 肖洋.我国数字出版产业发展战略研究——基于产业结构、区域、阶段的视角[D].南京:南京大学,2013.
[5] 张晗.文化科技融合背景下的中国出版产业数字化转型研究[D].武汉:武汉大学,2013.

会议论文

[1] Nachsion,Andrew. Good Business or Good Journalism? Lessons from the Bleeding Edge[C]. The World Editors' Forum. Hong Kong,2001.

报纸

[1] 夏雯.盛大模式造福文学——访盛大文学CEO侯小强[N].计算机世界,2009-12-7,第27版.

附　录

访谈名单

（部分名单因访谈者要求采取匿名处理）

编号	姓名	所属单位	职务	访谈时间
01	徐纬程	大块文化出版股份有限公司	业务部专员	2014.10.01
02	张作者	某文化出版有限公司	作者	2014.10.12
03	林琬萍	沐风文化出版有限公司	营销主任	2014.10.15
04	陈奇伟	城邦书虫股份有限公司	营销企划专员	2014.10.19
05	吴女士	天下远见出版股份有限公司	主编	2014.10.23
06	陈先生	阅文集团	文学网站总监	2014.12.16
07	张先生	海润影视集团	总编剧	2014.12.17
08	宋昭昭	阅文集团 榕树下文学网站	榕树下网络原创文学签约作者	2014.12.18
09	廖俊华（碧落黄泉）	阅文集团	起点中文网常务总编辑	2015.01.04
10	杨波	阅文集团	无线产品部总经理	2015.01.05
11	张潇	阅文集团	无线合作部产品总监	2015.01.05
12	李佳锴	阅文集团	业务运营部阅读基地项目总监	2015.01.05
13	汪海英	阅文集团	高层副总裁	2015.01.05
14	李仁伟	阅文集团	新业务拓展部总监	2015.01.05
15	张雪梅	联经出版事业公司	总经理	2015.05.23
16	杜辉	某出版集团图书出版公司	总编辑室副主任	2015.05.28
17	段洁	北京中文经典图书有限公司	总编辑	2015.05.28
18	简澄铺	华夏出版有限公司	总经理	2015.06.03

(续表)

编号	姓名	所属单位	职务	访谈时间
19	王俊灵	一本图书策划工作室	总策划	2015.05.28
20	许侃	前北京磨客数字联盟信息技术有限公司	数字出版部总监	2015.05.28
21	许挺	人民出版社	大众图书部策划总监	2015.05.29
22	王女士	中国旅游出版社	策划编辑	2015.05.30
23	黄荣华	凌网科技服务整合事业处	数字内容部总监	2015.06.05
24	陈纯纯	出色文化事业出版社	总经理	2015.06.03
25	初安民	印刻文学	社长	2015.06.12
26	高琬祯	耕林出版集团	编辑部主编	2015.06.23
27	柯延婷	匠心文创渠成文化	出版策划总监	2015.06.30
28	陈庆文	台湾出版商业同业公会联合会	副秘书长	2015.07.03
29	赵政岷	时报文化出版企业股份有限公司	总经理	2015.07.20
30	祝本尧	城邦文化事业股份有限公司	数字出版部协理	2015.07.21
31	徐女士	远流出版事业股份有限公司	主编	2015.07.22
32	刘振强	三民书局、东大图书股份有限公司	董事长	2015.07.23
33	陈夏民	逗点文创结社	发行人	2015.07.23
34	丘光	樱桃园文化出版社	发行人	2015.08.05
35	刘子华	南方家园出版社	发行人	2015.08.06
36	刘霁	一人出版社	发行人	2015.08.06
37	李传理	远流出版事业股份有限公司	总经理	2015.08.19
38	秦青	中南博集天卷文化传媒公司	数字传媒事业部策划编辑	2015.08.21
39	刘婷	中南博集天卷文化传媒公司	数字传媒事业部副总监	2015.08.21
40	刘航成	中南博集天卷文化传媒公司	数字传媒事业部新媒体运营经理	2015.08.21

（续表）

编号	姓名	所属单位	职务	访谈时间
41	何志伟	《书香两岸》杂志社	责任编辑	2015.08.22
42	葛忠雷	广东永正图书发行有限公司	第二编辑部总监	2015.08.25
43	言由	假杂志（独立出版者）	负责人	2015.08.25
44	赵辉	中信出版集团	经管社策划编辑	2015.08.26
45	冯俊华	副本制作（独立出版者）	负责人	2015.08.26
46	马占国	中南博集天卷文化传媒公司	第二编辑中心副总监	2015.08.28
47	刘松	做书（微信公众号）	发起人	2015.08.31
48	恶鸟	联邦走马（独立出版者）	负责人	2015.08.31
49	芬雷	泼先生（独立出版者）	负责人	2015.08.31
50	李国强	北京出版集团	副总经理	2015.09.01
51	猿渡静子	新经典文化有限公司	副总经理	2015.09.01
52	孔宁	独立出版者	独立出版者	2015.09.01
53	陈曦	新星出版社	策划编辑	2015.09.02
54	郭力	世界图书出版社	总编辑	2015.09.03
55	杨晓燕	理想国	编辑	2015.09.06
56	谢宇	天宇工作室	负责人	2015.09.06
57	路升	中文在线	市场策划经理	2015.09.07
58	曲仲	北京出版集团	总经理	2015.09.07
59	刘杰辉	北京磨铁图书有限公司	首席战略官	2015.09.11
60	郑作者	曾在传统大型出版社与独立出版社出书	作者	2015.09.23
61	隐地	尔雅出版社	负责人	2015.11.02

访谈提纲

集团/国有/民营大型出版单位访谈提纲

1. 请简述一下贵公司现况、年出版量、规模与专长营运的品项。
2. 目前贵公司掌握的优势资源有哪些？如何掌握？掌握不足资源又有哪些？
   （资源：作者、作品、人才、人脉、资金、书号、品牌、优势版权、营销、通路）
3. 贵公司所树立的品牌形象如何？出版社品牌带来哪些效益？
4. 贵公司目前的作者/作品来源有哪些？如何与其他出版社竞争并掌握作者/作品资源？在这方面贵公司有什么优势？
5. 出版业营销渠道有哪些？贵公司掌握哪些优势？是否遇到什么瓶颈？
6. 出版业如何掌握渠道（配销）资源？贵公司掌握哪些优势？是否遇到什么瓶颈？
7. 出版业如何与消费者连接并了解消费者需求？
8. 实体出版物如何提升在消费者心中的"价值"进而产生购买动机？
9. 网络与数字科技的影响下，贵公司有做哪些出版流程的调整？
10. 面临网络与数字科技的影响，现今出版业或贵公司的策略有何相对应的改变？遇到哪些问题？
11. 网络的出现对出版产业链有哪些影响？请分别从作者（稿源）、出版、经销、渠道（通路）等环节说明。
12. 现今出版业应如何创新与突破？请讲述具体做法或案例。
13. 您认为目前出版产业结构跟过去（出版业全盛时期）有哪些明显的差异性？（稿源、出版社、经销商、渠道等产业链环节）
14. 网络与数字科技使得人们娱乐与取得知识、信息的方式产生了重大的改变，面临这样的趋势，现今出版业在出书时做了哪些改变？而在这样的趋势下，出版社应如何定位？
15. 在现今整体中文出版市场中，贵公司有何定位？

独立出版者访谈提纲

1. "独立出版"这个词是否为出版界中较为公认的定义？独立出版在业界的定位如何？
2. 简述独立出版发展历程与目前现况。
3. 两岸独立出版流程运作与面临出版环境的差异有哪些？
4. 独立出版以什么单位申请立案？（大陆业者）
5. 独立出版为何近期在台湾能成为一股力量不小的风潮？独立出版者锁定的客群与大型综合出版社的差异有哪些？（台湾业者）

6. 贵公司的目标客户群是哪些？如何知道他们的需求并与他们对接？
7. 网络与数字科技发展对于独立出版者有哪些助力？
8. 贵公司的先优策略为何？其与大型综合出版社的差异性有哪些？
9. 营运一家独立出版者掌握资源的方式与传统大型出版社有何差异？（资源：作者、作品、人才、人脉、资金、经销、品牌）
10. 面临新手作者的出版策略是什么？在经费与成本有限的情况下，节省经费的方式有哪些？
11. 独立出版的作品如何经销或发行？（大陆业者）
12. 独立出版者的成本配置与大型综合出版社有何差异？
13. 如何运用与传统大型出版社不同的营销策略？
14. 独立出版在经费有限情况下如何节省成本？
15. 独立出版在中国大陆发展有哪些瓶颈？（大陆业者）
16. 如何突破通路的瓶颈？与传统大型出版社采取哪些不同的策略？如何寻求不同的卖书通路呢？
17. 跨出版社合作（如国际书展联合展）带来了哪些具体效益？
18. 独立出版联盟的结合共享了哪些资源？（台湾业者）
19. 独立出版者间是否有互动交流以共享资源并壮大的案例（如台湾的独立出版联盟、台北书展的独立出版联合展、跨出版社合作的"午夜巴黎"计划）？（大陆业者）
20. 纸本图书出版成为一个营利越来越困难的行业，贵单位面临这样的局势有做哪些应对与调整？
21. 网络与数字科技使得人们娱乐与取得知识、信息的方式产生了重大的改变，面临这样的趋势，贵公司做了哪些？而在这样的趋势下，出版业的定位应有何改变？
22. 贵单位在整体中文市场中的定位如何？
23. 您认为整体中文出版产业结构跟过去（出版业全盛时期）有哪些明显的差异性？（稿源、出版社、经销商、通路等环节）

网络原创文学平台访谈提纲

1. 在数字科技与网络的发展下，贵单位以一个平台商的角度所应掌握的资源有哪些（资源：作者、作品、人才、人脉、资金、品牌、优势版权、营销、通路）？请将这些资源排序。贵单位所掌握的优势资源有哪些？
2. 贵单位如何挖掘优质作者，又如何与同业者竞争优质作者（作品）？有何优势？
3. 贵单位在渠道的经营如何？有何优势资源？
4. 贵单位的市场营销方式有哪些？有何优势资源？
5. 网络原创小说（文学）发展现况如何？市场发展性如何？有何发展的限制？
6. 贵单位除了在平台提供阅读收费、IP改编版权贩售外，是否有做其他业务发展与拓展？
7. 贵单位成本的结构分配如何？哪个环节投入最多的成本？
8. 贵单位的优先策略是什么？

9. 贵单位的品牌带来哪些效益？
10. 腾讯与盛大结合成阅文集团后，替彼此带来哪些效益？做了哪些具体的合作？
11. 数字时代下，阅读产品如何与其他娱乐性产品竞争消费者的时间与注意力？应做哪些策略应对？
12. 整体网络原创文学产业结构有哪些较为明显的变化趋势？

问卷题目

中文出版场域结构与出版单位资源运作差异调查

基本资料
1. 贵公司营业登记所在地
○ 中国大陆 ○ 中国台湾
2. 贵公司类型［大陆业者答题］
○ 国有出版单位 ○ 国企控股的民营单位 ○ 民营图书单位（含工作室） ○ 工作室 ○ 网络原创文学（小说）平台
3. 贵公司类型［台湾业者答题］
○ 集团下的出版社 ○ 综合型出版社 ○ 专营某类出版物的出版社 ○ 网络原创文学（小说）平台
4. 贵公司成立迄今
○ 30年以上 ○ 20～29年 ○ 11～19年 ○ 6～10年 ○ 5年以下

5. 贵公司规模［大陆业者答题］	
○ 151 人以上 ○ 101～150 人 ○ 51～100 人 ○ 21～50 人 ○ 5～20 人 ○ 5 人以下	
6. 贵公司规模［台湾业者答题］	
○ 51 人以上 ○ 31～50 人 ○ 21～30 人 ○ 11～20 人 ○ 5～10 人 ○ 5 人以下	
7. 贵公司年出版量［大陆业者答题］	
○ 300 本以上 ○ 201～299 本 ○ 101～200 本 ○ 11～100 本 ○ 10 本以下	
8. 贵公司年出版量［台湾业者答题］	
○ 80 本以上 ○ 51～79 本 ○ 31～50 本 ○ 11～30 本 ○ 10 本以下	

9. 贵公司强项出版物

□ 本土文学(含散文、诗歌)、小说	□ 翻译文学(含散文、诗歌)、小说	□ 商业管理
□ 人文、史地、艺术	□ 社会科学	□ 自然科普
□ 心理、励志	□ 轻小说、漫画	□ 生活风格 (含保健、食谱、图文、旅游、命理……)

10. 数字时代下,贵公司优先策略为何?〔请选出前三,并在括号中填入排序〕 〔　〕争取知名作者或作品 〔　〕自由且灵活的选题与活动企划 〔　〕成本的节省 〔　〕专精于单一少数领域出版物,并做出其特色 〔　〕封面与装帧的吸引力 〔　〕建立业内相关的人脉关系 〔　〕寻求出版物相关的衍生获利渠道(如电影、电视、游戏等泛娱乐化及讲座等) 〔　〕寻求内容与数字科技的结合并探索获利的可能性 〔　〕严谨的选题出版,并延长产品的营销周期 〔　〕渠道(通路)的掌握
量表题
11. 贵公司比多数同业更具"长久积累的品牌影响力"优势 非常不同意　○1　○2　○3　○4　○5　○6　○7　非常同意
12. 贵公司比多数同业有更多"畅销作品产出"的优势 非常不同意　○1　○2　○3　○4　○5　○6　○7　非常同意
13. 贵公司比多数同业更专注于"少数或某一特定领域作品深耕"而树立品牌特色 非常不同意　○1　○2　○3　○4　○5　○6　○7　非常同意
14. 贵公司奠定的"品牌地位"而比多数同业较易争取相关文创活动进行"资源整合或异业结合",如:出版物改编为电影、电视、游戏、动漫…… 非常不同意　○1　○2　○3　○4　○5　○6　○7　非常同意
15. 贵公司较多数同业更懂得将所拥有的版权做价值最大化利用 非常不同意　○1　○2　○3　○4　○5　○6　○7　非常同意
16. 贵公司较多数同业拥有更多"畅销作品"的产出及版权 非常不同意　○1　○2　○3　○4　○5　○6　○7　非常同意
17. 贵公司较多数同业拥有更多"畅销作品"的改编版权,如:出版物改编为电影、电视、游戏、动漫…… 非常不同意　○1　○2　○3　○4　○5　○6　○7　非常同意

18. 贵公司较多数同业拥有资源与方式争取国外翻译版权
非常不同意　○1　○2　○3　○4　○5　○6　○7　非常同意

19. 贵公司较多数同业更会尝试"公共版权"运用
非常不同意　○1　○2　○3　○4　○5　○6　○7　非常同意

20. 贵公司的"编辑人才"较多数同业更懂得如何"争取知名作者"
非常不同意　○1　○2　○3　○4　○5　○6　○7　非常同意

21. 贵公司的"编辑人才"较多数同业更懂得如何"开发新手作者"
非常不同意　○1　○2　○3　○4　○5　○6　○7　非常同意

22. 贵公司比同业拥有"更丰厚且多元"的编辑团队与资源
非常不同意　○1　○2　○3　○4　○5　○6　○7　非常同意

23. 贵公司的"营销人才"较同业更懂得如何争取"读者认同"
非常不同意　○1　○2　○3　○4　○5　○6　○7　非常同意

24. 贵公司的"营销人才"比同业更懂得运用其他文创产业(如电影、电视、演艺娱乐)或媒体现象创造"议题性"出版物
非常不同意　○1　○2　○3　○4　○5　○6　○7　非常同意

25. 面临数字(位)化时代,贵公司比多数同业拥有"更高端的技术开发人才"
非常不同意　○1　○2　○3　○4　○5　○6　○7　非常同意

26. 贵公司比多数同业在出版流程中采取更多的"外包"形式
非常不同意　○1　○2　○3　○4　○5　○6　○7　非常同意

27. 贵公司比多数同业拥有"更高灵活度且有效率"的组织机制与人员配置
非常不同意　○1　○2　○3　○4　○5　○6　○7　非常同意

28. 贵公司比多数同业拥有"更具效率与自由"的选题机制
非常不同意　○1　○2　○3　○4　○5　○6　○7　非常同意

29. 贵公司比多数同业更懂得"利用创意性"的营销方式	
非常不同意 ○1 ○2 ○3 ○4 ○5 ○6 ○7 非常同意	

30. 贵公司比多数同业更致力于出版"大众""主流"作品	
非常不同意 ○1 ○2 ○3 ○4 ○5 ○6 ○7 非常同意	

31. 贵公司比多数同业更致力于出版"小众""特色"作品	
非常不同意 ○1 ○2 ○3 ○4 ○5 ○6 ○7 非常同意	

32. 贵公司比多数同业更致力于出版"纯娱乐性"作品	
非常不同意 ○1 ○2 ○3 ○4 ○5 ○6 ○7 非常同意	

33. 贵公司比多数同业具有"人脉资源"以争取"具知名度作者"	
非常不同意 ○1 ○2 ○3 ○4 ○5 ○6 ○7 非常同意	

34. 贵公司比多数同业更懂得利用"人脉资源"以获取出版物的"高度曝光度"	
非常不同意 ○1 ○2 ○3 ○4 ○5 ○6 ○7 非常同意	

35. 贵公司比多数同业更具"人脉资源"争取相关文创产业(设计/电影/电视/课程……)进行资源整合	
非常不同意 ○1 ○2 ○3 ○4 ○5 ○6 ○7 非常同意	

36. 贵公司比多数同业更具争取"具知名度作者或畅销翻译作品"的预算	
非常不同意 ○1 ○2 ○3 ○4 ○5 ○6 ○7 非常同意	

37. 贵公司比同业更具营销预算	
非常不同意 ○1 ○2 ○3 ○4 ○5 ○6 ○7 非常同意	

38. 贵公司比同业更懂得利用"免费或非金钱资源"以获取曝光度及销售渠道,如社交媒体、讲座等等	
非常不同意 ○1 ○2 ○3 ○4 ○5 ○6 ○7 非常同意	

39. 贵公司比多数同业更在乎成本的节省	
非常不同意 ○1 ○2 ○3 ○4 ○5 ○6 ○7 非常同意	

40. 20 世纪 80 年代的"改革开放政策"对贵公司是有利的［大陆业者答题］

非常不同意　○1　○2　○3　○4　○5　○6　○7　非常同意

41. 出版的三审三校政策对贵公司是有利的［大陆业者答题］

非常不同意　○1　○2　○3　○4　○5　○6　○7　非常同意

42. 出版的书号管制政策对贵公司是有利的［大陆业者答题］

非常不同意　○1　○2　○3　○4　○5　○6　○7　非常同意

43. 政策对于民营图书公司的认可与开放对贵公司是有利的［大陆业者答题］

非常不同意　○1　○2　○3　○4　○5　○6　○7　非常同意